梅明平老师培训广东福田电器经销商

梅明平老师培训湖北 vivo 经销商现场

梅明平老师培训广东格美淇经销商现场

梅明平老师培训东君乳业集团核心经销商现场

梅明平老师在南孚企业大学商学院培训经销商的现场

汉能集团 2018 年渠道伙伴大会

美的生活电器经销商大会

五得利面粉集团经销商培训第二期

周转·周赚

新零售时代经销商盈利宝典

梅明平 著

電子工業出版社
Publishing House of Electronics Industry
北京 · BEIJING

图书在版编目（CIP）数据

周转·周赚：新零售时代经销商盈利宝典 / 梅明平著. —北京：电子工业出版社，2021.1
ISBN 978-7-121-40484-9

Ⅰ.①周… Ⅱ.①梅… Ⅲ.①零售业—商业经营 Ⅳ.①F713.32

中国版本图书馆 CIP 数据核字（2021）第 011012 号

责任编辑：王　斌
印　　刷：涿州市京南印刷厂
装　　订：涿州市京南印刷厂
出版发行：电子工业出版社
　　　　　北京市海淀区万寿路 173 信箱　　邮编：100036
开　　本：720×1000　1/16　印张：19.25　字数：197 千字
版　　次：2021 年 1 月第 1 版
印　　次：2021 年 1 月第 1 次印刷
定　　价：68.00 元

凡所购买电子工业出版社图书有缺损问题，请向购买书店调换。若书店售缺，请与本社发行部联系，联系及邮购电话：（010）88254888，88258888。
质量投诉请发邮件至 zlts@phei.com.cn，盗版侵权举报请发邮件至 dbqq@phei.com.cn。
本书咨询联系方式：（010）88254199，sjb@phei.com.cn。

推荐语

一、专家推荐语

1. 对于经销商如何在电商时代快速提高投资回报率，本书具有极大的指导作用和参考价值！

——武汉大学经济与管理学院教授　张广玲

2. 对经销商在互联网时代如何提高经营管理能力，本书具有指导意义。作者以高屋建瓴的洞察力，给迷茫中的经销商指明了方向。这是一本难得的好书，值得借鉴。

——《销售与市场》杂志社副总编辑　黄瑞华

3. 在经销商利润薄如纸的今天，开源节流是经销商获利的关键。对于如何改革员工薪酬制度及如何降低办公室租金和坏账损失，本书给予了详细的指导。

——五得利面粉集团有限公司董事长　丹志民

4. 本书包含109个赚钱工具、65条赚钱行动计划，旨在帮助经销商加快资金周转、增强抗风险能力、实现降本增效、实现利润轻松提升。

——安徽正宇面粉有限公司总经理　曹广领

5. 现代渠道的费用，如陈列费、促销员费用、应收账款利息、店内杂费、返利与补差、退换货等费用的管控，一直是经销商管理的难点，运用本书教给你的方法，即可轻松高效降低费用。

——山东西王食品有限公司董事长　王辉

6. 面对互联网带来的冲击，在电商、微商、新零售、社区团购不断参与渠道竞争的情况下，实体经销商的销量和利润均面临挑战，怎么办？实体经销商何去何从？本书给出了明确的答案。

——珠海珊拉娜化妆品有限公司总经理　王贵清

7. 都说要全渠道建设，要线上线下融合，但实体经销商如果做全渠道？如何实现线上线下融合而不发生窜货？本书第一次对经销商的全渠道建设、线上线下融合做了全面的介绍，并提供了相应的工具，非常实用，值得借鉴。

——厦门视贝科技有限公司董事长　郭志忠

8. 本书在帮助经销商快速提高综合毛利率方面，给出了非常实用的七种方法，其中的几种方法我是第一次看到。

——辽宁吴大嫂食品有限公司总经理　题兆岭

9. 本书是帮助经销商在互联网时代实现快速盈利的实战宝典，建议经销商常备手中。

——北京东方快船进出口有限公司总经理　高拥军

10. 如何实现渠道多元化？如何实现分销密集化？如何实现陈列最大化？如何实现促销常态化？本书都给予了详细的指导，是一本适合经销商的少有的实战、实用、有实效的指导工具书。

——燕京啤酒（昆明）有限公司常务副总经理，

燕京啤酒（桂林漓泉）有限公司副总经理　魏小平

11. 本书在经销商经营管理领域非常具有指导意义。作者以中国经销商培训领域领军人物的洞察力和实战经验，总结出经销商盈利的有效方法，值得经销商参考。

——山东宇程生物科技有限公司总经理　彭伟

12. 本书通俗易懂、有趣有料，特别吸引人，我从看第一章开始就不想放下。读者既可以学会使用书中提供的赚钱工具，也可以根据书中的指导制订自己的赚钱计划，非常实用。

——比德文控股集团营销中心总经理　王清礼

13. 销售提成制有很多弊端！将销售人员的薪酬制度从提成制改为利润分红制，是历史的必然。怎么改？本书提供了详细的方法，值得经销商借鉴。

——安徽真心食品有限公司董事长　孙国升

14. 本书在帮助传统实体经销商提高销量、降低成本、加快资金周转等方面提供了行之有效的办法，值得一读。

——挑战者资本创始人　唐彬森

二、经销商推荐语

1. 梅老师的几本著作我都有拜读，启发很大，我对这本书也期待很久了。书中的“经销商赚钱工具箱”对每一章的重点概念、工具和方法进行了总结，“经销商赚钱行动计划”是我今后的行动指南。

——内蒙古兆宇商贸有限责任公司总经理　王志飞

2. 本书是一本专门为经销商量身打造的工具书，通俗易懂，实战性强，强烈推荐经销商都收藏一本。

——深圳市广百实业有限公司总经理　周绪雄

3. 一直在倡导实体经销商线上线下渠道融合，但是很多经销商一直没有找到适合经销商这个群体的线上平台，本书中关于全渠道营销的理论与实践方法给了经销商很大的信心。

——成都金森集团董事长　李明

4. 前几年，“去中间化”的口号喊得经销商人心惶惶，但通过了解书中对经销商未来发展的定位，我有了更前卫的认识。经销商是营销渠道中不可或缺的重要一环，未来实体经济的发展还要靠我们经销商再创辉煌！

——柳州科顿商贸有限公司总经理　邹研研

5. 本书从经销商最关心的三个问题——“毛利高”“费用低”“周转快”着手，让经销商在书中找到快速提高利润的实操方法，值得经销商仔细阅读。

——成都顶点实业有限公司总经理　陈双阶

6. 读了这本书，我发现公司的薪酬制度还有很多需要完善的地方。书中指出，未来要靠增值型分配方式促增绩效，真是醍醐灌顶，本人在员工管理中的很多困惑也得到了解答。

——甘肃武威恒顺商贸有限公司总经理　杨培敏

7. 本书特别精彩的部分是写到了经销商如何从厂家获得支持。

梅老师是经销商管理方面的专家，对于厂家营销策略也非常了解，本书为经销商更好地发展厂商关系给出了很专业的建议。

——沧州金圣粮油食品有限公司营销总监　宋杨

8. 现在是不促不销的时代，很多时候，做了促销活动但没什么利润，投入也大，本书针对零售商和消费者提出了十大促销方案，帮助经销商既提高销量又提升利润。

——简阳市甲晨商贸有限公司总经理　蒋增凤

9. 本书的书名就非常吸引人，内容也很有指导意义，从经销商的真实案例着手，句句写到了经销商的心坎里，字字珠玑，可以看出作者花了大量的时间和精力来研究经销商这个群体，并致力于引导经销商进行数字化管理变革。

——天津凯承食品销售有限公司总经理　张洪敬

10. 过去我们只注重销量，但现在供大于求，销量难以增加，成本却越来越高，很苦恼。本书提出，控制毛利率是经销商实现自我救赎的唯一方法，给经销商打开了新思路。

——成都润雪食品有限公司总经理　陈永明

11. 终于找到了一本指导经销商高效经营的书！从内部管理到

外部运营，针对经销商遇到的经营难点，本书都给出了明确的解决办法，建议经销商人手一本。

——郑州游牧冻品总经理　游亚波

12. 经销商做生意都希望周转要快，每周转一次都要赚取更高利润。本书用七章阐述经销商经营过程中的相关问题。其中，“作者梅明平对经销商说”这个栏目更是把理论和实践相结合，给出实操方案，非常易于阅读与理解。

——驻马店市邦升商贸有限公司总经理　朱东升

13. 现在，商贸企业运营的大方向就是降本增效，而如何降低费用一直是难点。本书从管理费用、销售费用、物流费用和营运资金等几个方面入手，为经销商提供了降低各项费用的具体方法和表格工具，非常实用。

——武汉三全商贸有限公司总经理　王现锋

14. 商贸企业的管理者应该学会看报表、看数据，本书介绍了如何从数据异动中找问题。未来，商贸企业必须从粗放式管理转向精细化管理，才能拥有竞争力，老板才能轻松。

——江西赣州碧霞味业公司总经理　肖与人

15. 本书案例翔实，经销商读起来非常有代入感，许多原创表格和经销商经营数据也让读者了解了同行的经营管理水平，参考性极强，值得再三阅读。

——上海亿润食品销售有限公司总经理　林隆平

16. 在必须做线上渠道的时代，平台繁多，规则多样，经销商不知道如何选择，面对层出不穷的新事物也是应接不暇。本书不仅为经销商指明了方向，还给出了线上实操工具，非常厉害！

——济南珂瑄商贸有限公司总经理　高静

推荐序

几年前，我曾邀请梅明平老师为我校 MBA 班的学生讲授企业渠道变革的实战课程，梅老师通过丰富鲜活的案例与疑难问题的破解，将一线市场上的实战经验和创新方法进行了归纳总结，并运用渠道理论进行剖析，非常受学生的欢迎。梅老师的讲解十分精彩，让我记忆犹新。

后来，我们一直有着持续的交流与探讨。梅老师对于实战问题的研究深度和对趋势的敏锐洞察是我十分欣赏的，可以说他是走在实战前沿的先锋者和实力派。这一次应邀为梅老师的新书作序，又一次以文字为媒进行交流，这样的经历让人愉快，我乐意为之。

翻开本书，眼前一亮。我知道这是梅老师多年来一直想为经销商写的一本书，现在终于如愿以偿。

不可否认，互联网对经销商确实存在很大的影响！互联网时代，经销商面临以下三个巨大的挑战。

第一大挑战是互联网的“去中间化”。去中间化，让很多人认为经销商作为销售渠道的中间环节可能被去掉。天猫、京东上有厂家直接开设的旗舰店，快手、抖音上有厂家直接通过短视频或直播带货，厂家绕过经销商和零售商，直接面向消费者进行零售，经销商确实有被去掉的趋势。

互联网时代，经销商该怎么办？经销商应该拥抱互联网吗？现在的电商平台如淘宝、天猫、京东、拼多多，几乎都是面向全国的，然而，经销商不能在上面开店，因为很多经销商的经营范围是区域性的，在全国性电商平台上开店会发生窜货，而经销商一旦窜货就会被厂家罚款。所以，全国性电商平台就成了厂家、零售商、创业者的“天堂”，经销商的“地狱”。

正当经销商感到前途渺茫、对未来失去信心的时候，本书恰逢其时，给迷茫中的经销商指明了方向。未来，经销商必须从线下走向区域性线上平台（如食商 Mall），从通过线下实体渠道面向零售商，到通过区域性电商平台的线上渠道面向区域消费者，实现区域性线上线下全覆盖，利用经销商天时地利人和的优势，真正实现区域性线上线下深度融合，完成厂家授权区域市场的产品销售工作。只有经销商实现区域市场线上线下全覆盖，厂家才能真正解放出来，全身心地投入产品的生产和研发当中。

第二大挑战是竞争的白热化导致利润薄如纸。经销商一年忙到头，最后发现赚到的钱比搬运工还少，这是越来越多的经销商的经营现状。经销商经销名牌产品压力大、垫款多、不赚钱，已经是普遍现象，甚至有的经销商直接取消与名牌产品的厂家合作，在批发市场做炒货商。炒货商既没有厂家给予的销售任务压力，又不需要帮厂家垫付款项，甚至在批发市场上拿到的价格比出厂价还低。但这种现象不正常，对于那些与厂家合作的经销商也不公平。

电商渠道的竞争导致商品尤其是爆品的市场价格越来越低，而经销商的员工工资、超市等销售渠道的费用却越来越高，受两头挤压，何来利润？经销商该怎么生存下去？怎样才能提高经销商的经营利润？

正当经销商郁闷、迷茫、彷徨，甚至准备转行的时候，本书给经销商指明了未来的方向。梅老师提出，当今时代已经从追求数量转向追求质量、从追求速度转向追求效益，经销商的经营理念也要随之进行转变。要想在利润薄如纸的环境下生存下去，单靠老板一个人省吃俭用是不够的，必须发动全员的力量，把费用一分一分地省出来、利润一分一分地抠出来。要实现这一点，经销商的薪酬制度必须进行彻底的改变，以满足提高效益的要求。业务员的薪酬制度要从追求数量、速度的销售提成制转变为追求质量、效益的利润分红制；仓储物流人员的工资从固定工资制转变为类似外包制；行政管理人员的工资从固定工资制转变为企业利润分红制。在本书中，梅老师就经销商的薪酬制度改革给出了详细的指导，经销商拿来就可以用，非常实用。薪酬制度的改革就像分配制度改革一样，是一场革命，追求质量、效益的薪酬制度代表着先进的生产力，也是大势所趋。率先改革的经销商已经尝到了甜头，他们的企业正在高速发展，利润是同行业经销商的 3 倍以上。

第三大挑战是金字塔型的组织正在严重阻碍商贸企业的发展。金字塔型组织的局限性在于服从，“员工听领导的”是产生效益的底层逻辑。但时代变了，互联网使信息传递非常迅速，要求企业对市场的需求快速反应。例如，现代渠道的促销档期申请，从业务员知道这个信息到档期最后确定可能只需短短的30分钟。而如果按照原有的决策流程，需要业务员向销售经理汇报，销售经理向经销商老板汇报……所以，未来的商贸企业要从“员工听领导的”转型到“员工听客户的”，要让在一线“听得见炮声的人”做决策，由前台一线业务员当指挥员，中台和后台提供支持。

经销商怎么进行组织变革？如何做到“让一线业务员做决策”？梅老师在书中都做了详细介绍。例如，书中讲到现代渠道的六大费用，其中，促销员工资、陈列费、返利与补差、店内杂费等，原来都是由经销商老板做决策的，现在改由一线业务员进行决策，并承担所有费用。

总之，在互联网时代经销商转型升级的迷茫期能写出这样一本书，的确体现了作者敏锐的洞察力和深厚的理论研究功底。多年来，我一直很欣赏梅明平老师的作品，一方面在于他对经销商的需求有敏锐的直觉，能洞察未来经销商在渠道中的作用；另一方面在于他一直用“拼命三郎”的精神在理论与实践中研究、总结，探寻中国营销渠道的变革之路。

《周转·周赚》可以说是互联网时代经销商的盈利宝典，我要向读者郑重推荐梅明平老师的这部经典之作，让我们一起感受阅读的愉悦与收获，一起倾听互联网时代经销商转型升级最强音！也愿您与您的企业紫气东来，引领第四代经销商新潮流！

张广玲

武汉大学经济与管理学院教授

作者序

新零售时代经销商盈利宝典

《周转·周赚》是在互联网时代帮助中国经销商开展线上线下全渠道经营管理活动、在薄利时代快速实现降本增效的一本好书！

在中国，经销商是一个庞大的群体，作为经销商培训讲师和营销渠道咨询顾问，近十年来，我已帮助格力、美的、益海嘉里、青岛啤酒、雷丁汽车、五得利面粉、福田电器、真心食品、西王玉米油、吴大嫂水饺等上千家著名企业和上市公司培训了20多万名经销商。为了能够帮助更多的经销商提升经营管理商贸公司的能力，我一直有一个为经销商写一本书的愿望。

受电子商务的影响，实体经销商面临的线上渠道的冲击一直未停息，线上销售平台如京东、拼多多、有赞、十荟团及短视频带货等不断参与渠道的竞争，实体经销商的销量和利润受到了越来越大的冲击。实体经销商的出路在哪里？是被“去中间化”了吗？厂家可以不需要实体经销商了吗？名人短视频带货可以取代实体经销商吗？这些都是实体经销商心中存在的困惑，他们很想知道未来到底是什么样，自己应该怎么做。同时，在利润薄如纸的今天，经销商该怎么经营才能获利是所有实体经销商面临的巨大难题。

由于互联网对实体经销商的影响的不确定性，从电商、微商、新零售到社区团购，各种各样的电商、社交平台不断涌现，中国营销专家、渠道专家对营销的未来没有一个具体而明确的结论，所以，我也就一直没敢写这本书。

直到最近，我研究了几个非常成功的实体经销商的案例。这些实体经销商认为，现在是他们的销量和利润增长最快的时代，与许许多多生活在“水深火热”之中的经销商相比，他们对经销商生存现状的看法有着天壤之别。通过研究，发现他们确实有许多成功的经营管理经验，走在了中国经销商发展的前列。与此同时，经过多年的研究，我为实体经销商研发的区域性电商平台也正式上线了，这才下定决心，鼓起勇气，斗胆为正在迷茫、彷徨、心中苦闷的经销商群体写了这本书。

经过疫情期间闭门 120 多天的挑灯夜战，我终于完成了十多年来一直想为经销商写的这本书！

本书是专门指导经销商走向线上线下融合的一本书；是专门指导经销商在利润薄如纸的今天降本增效的一本书；是专门指导经销商进行组织变革、实行平台化管理的一本书；也是希望成为中国第四代线上线下全渠道经销商的老板们必读的一本书。

生意人喜欢“转”，“转”得快就“赚”得多！书名《周转·周赚》由此而来，意味着本书旨在帮助经销商提高周转率，获取丰厚的经营利润。

本书从影响经销商投资回报率的 3 个要素（毛利、费用和周转）

出发，分为 3 部分内容，即“毛利高”“费用低”“周转快”，如图 0-1 所示。

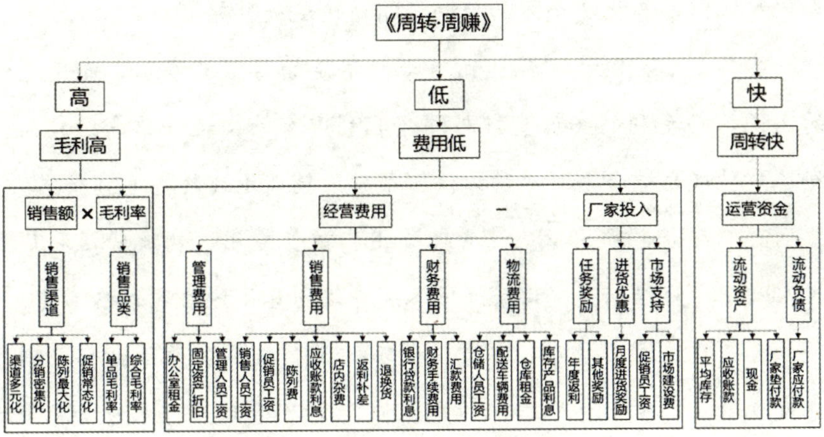

图 0-1 《周转 · 周赚》章节结构

第一部分：毛利高。毛利 = 销售额 × 毛利率，通过对影响毛利的两个要素——销售额和毛利率——进行分析，结合一线走访和收集经销商真实经营案例与数据，提出了经销商全渠道经营模型，并专门为食品经销商提供了区域性线上直销工具——食商 Mall 平台，帮助他们快速提升销量和综合毛利率。

第一章，销售额。主要介绍在互联网时代，经销商如何提高销售额。经销商除稳固现有零售渠道（To B）之外，还必须全力以赴地做区域零售生意（To C）。未来的经销商必须通过全渠道，如微商渠道、社区团购渠道、快闪店渠道、区域性电商直销平台等渠道，形成“天网”“地网”，将区域内消费者“一网打尽”。经销商也必须迅速改变观念：以前只负责向实体零售商供货，未来除了向零售商供货，还必须像京东一样利用区域性电商渠道向区域内消费者直销，送货上门；除了通过全渠道提升销量，还要从分销密集化、陈列最大化和促销常态化 3 个方面帮助经销商快速提升销量。

第二章，毛利率。经销商追求的不是销售额的高低，而是毛利的高低。而毛利的高低直接与综合毛利率有关，这一章向经销商介绍了 7 种提高综合毛利率的方法，帮助经销商迅速提高毛利率。

第二部分：费用低。从管理费用、销售费用、物流费用和厂家投入入手，为经销商提供了降低各项费用的具体方法和表格工具。

第三章，管理费用。本章从管理人员薪酬制度改革开始，到办公室租金、存货盘亏、坏账损失、固定资产折旧，一一为读者介绍了降低这些费用的方法和措施，最后为经销商提供了管理费用大全以供参考。

第四章，销售费用。本章着重介绍了销售人员的薪酬制度改革，从销售提成制改为利润分红制，以此为基础，分别介绍了降低促销员工资、陈列费、应收账款利息、店内杂费、返利与补差及退换货费用的方法和工具。

第五章，物流费用。本章介绍了仓储人员的薪酬制度改革，从固定工资制改为类似外包制，按工作量和工作时间计算工资，费用包干、按日核算；介绍了配送司机的薪酬制度改革，解决了让经销商感到棘手的加油费、维修费、交通罚款、路桥费等问题。最后，对如何降低仓库租金和库存商品资金占用利息也一一进行了介绍。

第六章，厂家投入。获得厂家投入是经销商生存的必要条件，如何最大化地获得厂家投入，包括厂家返利、进货折扣、市场支持等，是降低经销商经营管理费用、增加利润的关键。

第三部分：周转快。

第七章，营运资金。本章从流动资产和流动负债两个方面，介绍加快资金周转的实战方法。其中，对流动资产的库存、应收账款、现金和厂家垫付款进行了详细介绍。

为了便于读者阅读与理解，每一章都以“经销商痛点”开篇，能让读者快速代入；“作者梅明平对经销商说”更是将复杂的理论进行通俗化阐述，便于读者理解；“经销商赚钱工具箱”对每一章的重点概念、工具和方法进行了总结，方便读者掌握重点内容；“经销商赚钱行动计划”，理论与实践相结合，建议经销商立即着手实施。书中每个部分通过对实际案例进行细致分析，给出详尽的数据，其中包含了大量表格及原创系统图。

在撰写过程中，本书引用了专家、学者、同行和经销商的相关观点和数据，如果没有标注出处，您对此有任何疑问，请与我联系，我的邮箱是 meimingping@163.com。

由于没有可以参考的同类书籍，本书几乎全部内容都是作者的原创，在文字、内容方面可能存在不完善的地方，希望读者谅解。同时，也希望这本书能够在大家的共同努力下一版再版，成为切切实实能够帮助中国经销商的一本工具书。如果您在经营管理中有经营心得希望与经销商同行分享，可以给我发邮件，我会将您的经营管理经验在本书修订时加入。

本书得以出版，非常感谢武汉新蓝海咨询公司的同事祝智君、湛欢、杨馨，是他们的努力工作给了我充足的时间来写这本书。非常感谢电子工业出版社的编辑王斌，是她的不断鼓励和鞭策让我得以快速完成这本书。

本书特别献给我的孙子梅梓文（Edwin Xin Mei），这是他出生后我写的第一本书，是我累计出版的第六本书。

本书对商贸企业的董事长、总经理、销售经理、财务负责人、物流部部长、仓管、采购、经销商二代接班人等有极大的指导作用；对有志于成为经销商生意顾问的厂家业务员、厂家销售经理也有很大的帮助；对希望创办商贸企业的创业人士快速了解商贸企业的经营管理知识来说，也是一本极好的书。

梅明平

于武汉

2020 年 12 月 18 日

联系作者：

微信号：meimingping123

邮　箱：meimingping@163.com

目录

第一部分　毛利高

第二部分　费用低

第三部分 周转快

第一部分

毛利高

第一章　销售额

经销商痛点

1　销量增长越来越难，甚至下降，感到前途迷茫。

2　做来做去，还是几个老渠道，而且销量萎缩一个比一个快。

3　都说要与时俱进实现全渠道销售，但不知道全渠道怎么做。

4　线上销售平台多如牛毛，但没有一个适合经销商。

5　经营了十多年，零售网点才 600 多个，铺货率不到 1/3。

6　网点虽说不少，但陈列一个比一个差，面积一个比一个小。

7　把货铺上了货架，陈列面积也不小，但一天难得卖一件货。

8　眼看业绩年年往下掉，实体经销商会不会终被互联网干掉？

对于经销商来说，影响销售额高低的因素主要有渠道数量、分销密度、陈列面积和促销频率，它们之间是相乘的关系，具体表述如下。

销售额 = 渠道数量 × 分销密度 × 陈列面积 × 促销频率

其中，渠道数量、分销密度、陈列面积属于分销范畴，促销频率属于动销范畴。接下来分别介绍一下这 4 个因素。

渠道数量，指的是选择在一个城市销售、两个城市销售，还是在多个城市销售。选择的城市越多，销量也就越大，因为每个城市容量有限。假设现在只有线下渠道，如果增加一条线上渠道、增加大客户直销渠道，销量就会增加。

分销密度，指在一个城市是选择在 100 个网点、1 000 个网点，还是 5 000 个网点销售。选择的网点越多，销量也就越大。如果原来一个城市只有 1 000 个网点销售，现在一个城市选择 3 000 个网点销售，那么分销密度是原来的 3 倍，销量将会迅速增加。

陈列面积，指的是在一个网点（如超市）里，是选择在一个货架陈列、一个堆头陈列，还是一个店铺专场陈列。商品在一个卖场占的陈列面积越大，竞争力就越强，被顾客选择购买的机会也就越多，销量也就越大。

促销频率，指的是促成顾客购买的次数。商品仅仅放在货架上已经很难引起顾客的注意并购买，因为同类商品太多，竞争太激烈，仅仅放在货架上的商品有可能一个月都难得卖出去一件。即使前面的工作做得很好，渠道多、分销密度大、陈列面积大，也不一定能够形成销售。就像踢足球一样，把球从后场带到了前场对方的球门前，结果临门一脚踢歪了，前功尽弃。因此，促销的次数要多，频率要大，要月月做、天天做、家家店铺做。

无促销，不销售！

除了新、奇、特商品，消费者购买时一般会选择正在做促销的商品。无论是线上渠道的拼多多、京东、天猫、淘宝，还是线下渠道的超市，无一不是做特价、做爆款产生的销量。现如今，还有多少人会买没有做促销的商品呢？很多人常常把想要的商品放在购物车，但不着急购买，等到有特价时才下单。

上文简单介绍了影响销售额的 4 个因素，接下来一个一个详细为大家介绍，以帮助经销商快速提升销量。

一、渠道多元化

作者梅明平对经销商说

经销商的日子越来越难过，一切都是由于销售渠道发生变化导致的。

以前消费者购物，必须到实体零售店购买。但现在，很多 To C 的线上渠道都在把货卖给消费者，如淘宝、天猫、京东、拼多多、有赞、云集、食享会、美菜等。实体零售店的生意越来越差，也就导致给实体店供货的实体经销商的生意一落千丈。

以前，实体零售商进货都通过实体经销商。但现在，很多 To B 的线上渠道，如 1688 批发网、阿里零售通、京东掌柜宝等也在做批发生意，给零售商供货。

实体经销商一下子面临多如牛毛的竞争对手，销售业绩和经营利润双双下跌，日子一天比一天难过，实体经销商到底有没有出路？未来怎么办？怎么自救？

我的建议是：从哪里跌倒，就从哪里爬起来！

如果实体经销商没有出路，那我也不会写这本书了。正因为实体经销商可以有更好的未来，才有写这本书的价值和意义。

实体经销商未来的出路，在于实现区域市场线上线下全渠道建设，在继续牢牢抓住实体零售店的同时，大力开展线上线下的零售业务。线上零售渠道包括区域性电商平台、社区拼团、微商等，线下零售渠道包括快闪店、体验店等，通过“天网”“地网”，牢牢抓住零售商和消费者。

经销商如何建设区域全渠道？这就是本章的主题。相信经销商朋友读完“渠道多元化”这部分内容后，心中会豁然开朗，对于未来信心满满。

案例 某经销商的渠道多元化

某经销商为了提高销量，对销售渠道不断进行细分，现有 3 个大渠道和 10 个小渠道。通过不断发展特殊渠道，使现代渠道的销量从原有近 30% 的销售占比下降到现在的 18.6%，而特通渠道的销售占比从原来的 18% 增加到 28.5%，见表 1-1。相信该经销商会通过持续不断地细分销售渠道找到新的销量金矿，确保销量的持续增长。

表 1-1　某经销商的渠道分类及销量占比统计表

大类渠道			中类渠道			
编号	渠道	占比	编号	描述	年度销售额	销售占比
壹	现代渠道	18.6%	一	重点系统	15 701 681.65	6.0%
			二	非重点系统	32 598 481.42	12.6%
贰	特通渠道	28.5%	三	特渠专营	27 053 856.98	10.4%
			四	福利团购	26 997 860.14	10.4%
			五	餐饮	19 987 343.56	7.7%
叁	传统渠道	52.9%	六	L	88 812 987.73	34.2%
			七	C	6 635 349.29	2.6%
			八	B	11 792 412.45	4.5%
			九	A[1]	15 725 128.27	6.1%
			十	101 客户	14 328 748.18	5.5%
合计		100%	合计		259 633 849.67	100.0%

渠道多元化，是指销售渠道多元化。

销售渠道是什么呢？是指某种商品从生产者向消费者或用户转移过程中所经过的一切取得所有权的商业组织和个人，即商品在所有权转移过程中所经过的各个环节连接起来形成的通道。销售渠道的起点是生产者，终点是用户，中间环节包括各种批发商、零售商、

① 一般将传统渠道按面积大小分为 A、B、C、L 店，A 店面积在 800 平方米以上，B 店面积为 300~800 平方米，C 店面积为 100~300 平方米，L 店面积小于 100 平方米。

商业服务机构。

1. 渠道盘点

下面通过零售业态的变化，如图 1-1 所示，盘点渠道，来了解经销商的渠道变化。

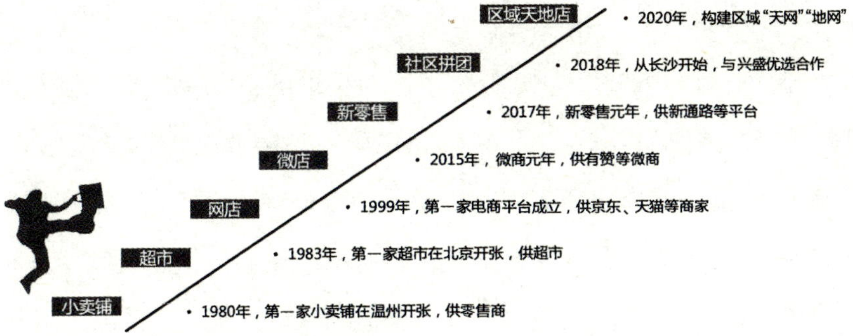

图 1-1　零售业态与销售渠道发展路径

资料来源：武汉新蓝海咨询。

① 小卖铺。1980 年，中国第一家小卖铺在浙江温州开张，老板叫章华妹。随后，小卖铺零售业态在中国大地上迅速发展，从而带动为零售商提供采购进货服务的批发市场的兴起，在批发市场做批发生意的经销商迅速发家致富。他们坐在批发市场的店铺做生意，零售商自己到店铺进货，并把货拉回去。这一代经销商被称为“坐商”，当时，全国处于货源稀缺的状态，经销商利润丰厚，赚钱轻松。其渠道结构为：厂家→批发商→小卖铺→消费者。

② 超市。1983 年，中国第一家超市在北京海淀区开张，面积 200 平方米，经销商从向小卖铺供货转向为超市供货。经销商的经营

方式发生了根本的变化，从“坐商”变成了“行商”。为什么呢？因为小卖铺是自己上门进货，而超市需要经销商自己到超市争取陈列货架，自己送货、自己做陈列、自己做促销、自己找超市结账。所以，经销商要做超市生意，就必须招聘员工，采用公司化经营。采用公司化经营的“行商”逐渐淘汰了采用夫妻店经营模式的“坐商”。其渠道结构为：厂家→经销商→超市→消费者。

③ 网店。1999 年，中国第一家电商 8848 在北京成立，创始人叫王峻涛。随后，淘宝、天猫、京东等电商渠道越来越多，从此，以实体渠道为主的经销商的销量开始受到影响。为什么经销商不做网店呢？因为网店没有区域界线，容易引起窜货，很多厂家尤其是名牌产品的厂家，在与经销商签订合同时，明确规定不许在线上开店，否则按照线上销售额的 20%~50% 罚款。结果，线上渠道就变成了厂家和零售商的天堂。例如，天猫旗舰店，就是厂家自己开的店；京东自营店，就是京东找厂家直接供货。互联网的出现，使“去中间化”“去中心化”成为渠道研究人员的口头禅，让经销商有被网店“干掉”、取代的感觉，经销商一下子感觉前途迷茫。其渠道结构为：厂家、零售商、个人→淘宝、天猫、京东等平台→消费者。

④ 微店。2015 年被称为“中国微商元年”。随着智能手机的普及，社交电商平台如微商快速兴起。微商渠道主要销售价格在 100 元左右、宝妈使用的消费品，微商的口号是“自用省钱、分享赚钱”，微商平台主要有有赞、云集、微商城等。很多经销商不了解微商，也很难利用微商渠道为自己提升销量，市场的销量进一步被多渠

道瓜分。其渠道结构为：厂家→个人→有赞、云集等平台→消费者。

⑤ 新零售。2017 年被称为“中国新零售元年”。阿里零售通和京东新通路为抢占线下渠道，与当地有实力的实体经销商合作，通过当地经销商，把当地原来由成百上千个实体经销商供货的成千上万的中小实体零售网点导入京东掌柜宝和阿里零售通平台，培养当地零售商养成到京东掌柜宝和阿里零售通平台上进货的习惯。如果这样的新零售成功了，阿里零售通和京东掌柜宝将牢牢掌控中国 700 多万家零售小店，到那时，厂家和经销商必须与它们合作，选择卖哪个厂家的产品，在当地选择哪家经销商为它们配送，都由它们说了算。到时候，除了个别与新零售合作的大经销商，其他的经销商将进一步被边缘化。其渠道结构为：厂家→经销商→与新零售合作的当地经销商→阿里零售通、京东掌柜宝→零售店→消费者。

⑥ 拼团平台。2018 年被称为“中国拼团元年”。以拼多多为代表的全国性拼团和以兴盛优选、十荟团、食享会为代表的社区拼团在全国瞬间铺开。拼团消费进一步削弱了实体渠道包括实体经销商和实体零售店的作用。拼团渠道，除了少数年轻的经销商会选择在拼多多平台上销售仓库积压品，对于绝大部分以实体渠道为主的经销商来说，很难为其所用。其渠道结构为：零售商、经销商、厂家、个人→拼多多、十荟团、兴盛优选等平台→消费者。

⑦ 区域电商。2020 年被称为“区域电商元年”。以食商 Mall 为代表的、作为实体食品经销商的区域性电商平台第一次登上历史舞台，它的出现将改写中国电商渠道、微商渠道、新零售渠道、拼团

渠道的历史，将重新发挥实体经销商的作用。食商 Mall 是一款专门为食品行业的实体经销商量身定做的区域性电商平台，很好地规避了经销商的线上窜货行为。在这个区域性电商平台上，经销商的商品只能在厂家授权的区域显示，其他区域的消费者看不到该经销商的商品。而且该平台只与得到厂家授权的经销商合作，包括授权区域、授权时间、授权品牌、授权品类等，都与厂家授权的范围严格一致。食商 Mall 的出现，意味着实体经销商的又一个春天到来了。其渠道结构为：厂家→经销商→食商 Mall →消费者。

通过对以上渠道的分析，总结一下这些零售业态、销售渠道与实体经销商的相关性，见表 1-2。

表 1-2　各种渠道与实体经销商的相关性

渠道名称	主要参与者	与实体经销商的相关性
小卖铺	批发市场的批发商	100%
超市	厂家授权的经销商	100%
电商	厂家、零售商、经销商、个人	5%
微商	厂家、宝妈、个人、零售商、直销人员	0
新零售	厂家、经销商	10%
拼团平台	厂家、经销商、零售商	15%
区域电商	厂家授权的经销商	100%

我们发现，除了小卖铺、超市和区域电商与经销商存在 100% 的相关性，其他销售渠道和零售业态与经销商没有多少相关性，这也是实体经销商在电商出现后被边缘化的主要原因。小卖铺渠道和超市渠道是目前实体经销商的主要销售渠道，未来经销商要快速发展，必须大力发展区域性电商渠道。

2. 全渠道

作者梅明平对经销商说

全渠道建设是未来经销商的核心竞争力。但是到目前为止，几乎所有的线上渠道都不适合经销商。天猫是厂家自建的全国性直销渠道，京东是厂家供货、京东自营的全国性零售渠道。这些全国性线上渠道还包括拼多多、有赞、云集等，大部分厂家是不允许实体经销商在这些平台上开店销售的，因为会产生线上窜货行为。在这种情况下，如果没有一个新的线上销售平台同时满足厂家和经销商的需求，那么实体经销商只能坐以待毙。

实体经销商如何突破现有线上渠道的掣肘呢？下面会给你答案。

通过对表 1-2 中的 7 个渠道进行分析可以发现，现在的销售渠道，不再是“厂家→经销商→零售商→消费者”的单一渠道，而是转变成了一个系统的、立体的渠道结构，如图 1-2 所示。

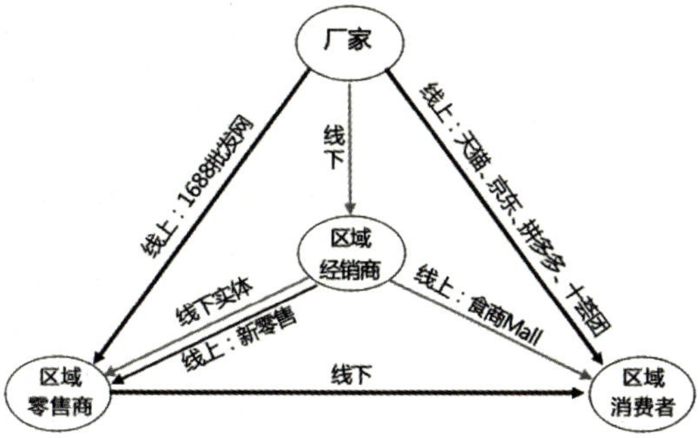

图 1-2　系统销售渠道结构

资料来源：武汉新蓝海咨询。

作为以实体渠道为主的经销商，你必须了解渠道的现状，才能制定出正确的渠道决策。

针对现有实体经销商所供货的实体零售商来说，以前只有“经销商→实体零售店”这一条渠道，现在新增了1688批发网、京东掌柜宝、阿里零售通这3条渠道，经销商的销量明显下降了。实体零售商的进货渠道变化情况见表1-3。

表1-3 实体零售商进货渠道的变化

单一渠道阶段（过去）	系统渠道阶段（现在）
厂家→经销商→零售商	1. 厂家→经销商→零售商 2. 厂家→1688批发网→零售商 3. 厂家→阿里零售通→零售商 4. 厂家→京东掌柜宝→零售商

同时，针对消费者来说，以前只有“经销商→实体零售店→消费者”这一条渠道，现在新增了天猫、京东、淘宝、拼多多、十荟团、有赞等数条渠道，经销商的市场进一步被蚕食。消费者的购物渠道变化情况见表1-4。

表1-4 消费者购物渠道的变化

定义渠道阶段	系统渠道阶段
厂家→经销商→零售商→消费者	1. 厂家→天猫→消费者 2. 厂家→淘宝→消费者 3. 厂家→京东→消费者 4. 厂家→拼多多→消费者 5. 厂家→十荟团→消费者 6. 厂家→有赞→消费者 7. 厂家→经销商→食商Mall→消费者

通过对销售渠道的分析可知，在渠道多元化的时代，经销商要想发展，唯有自救，要充分发挥经销商的资源优势，如仓储、配送、资金、客情关系等方面的优势，通过打造线上线下全渠道模式，形成“天网”“地网”，在牢牢掌控实体零售店的同时，通过区域性电商平台如食品经销商平台食商 Mall，将区域终端消费者一网打尽，真正做到近水楼台先得月。

下面通过食品经销商开展线上线下渠道的建设，来了解全渠道结构，如图 1-3 所示。

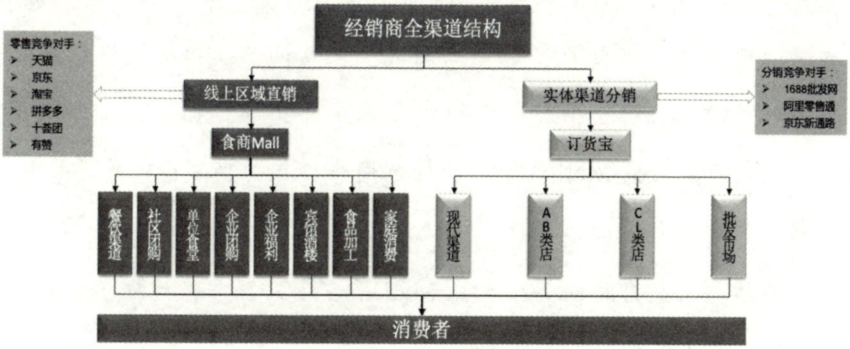

图 1-3　某食品经销商的全渠道结构

资料来源：武汉新蓝海咨询。

案例　某食品经销商的全渠道结构

经销商陈总在微信小程序里面搜索“食商 Mall”，并创建自己的区域性电商渠道后，生意一天比一天好。下面看看陈总利用食商 Mall 帮助自己提高销量的方法。

从图 1-3 可以看出，经销商陈总继续牢牢掌控实体渠道，包括现代渠道、传统渠道 ABCL 店、批发市场，同时与 1688 批发网、阿里零售通、京东掌柜宝等线上渠道进行正面对抗。当看到经销商比新零售平台更加强大时，相信厂家会逐步减少对新零售平台的依赖。

陈总充分利用了区域性电商平台食商 Mall，牢牢掌控了当地的大客户、团购或福利消费，当地的餐馆、单位食堂、企业团购、企业福利、宾馆、酒楼、食品加工厂、家庭等成为陈总在食商 Mall 的目标客户，为他们提供直销服务。虽然天猫、京东、淘宝、拼多多、有赞、十荟团等渠道是面向当地消费者的渠道，但作为食品经销商，陈总经营的商品有得天独厚的优势，因为米、面、油、酒、水、奶、酱油、醋等食品通常分量重、毛利低，零售的快递费或邮寄费远远超过经营这些商品的利润，所以这类商品不适合快递或邮寄。陈总全力以赴开发食商 Mall 这个区域性电商平台作为渠道后，不到半年，销量、利润都翻了近一番。

陈总为了更好地服务于食商 Mall 平台上的客户，建立了配送队伍，如图 1-4 所示。

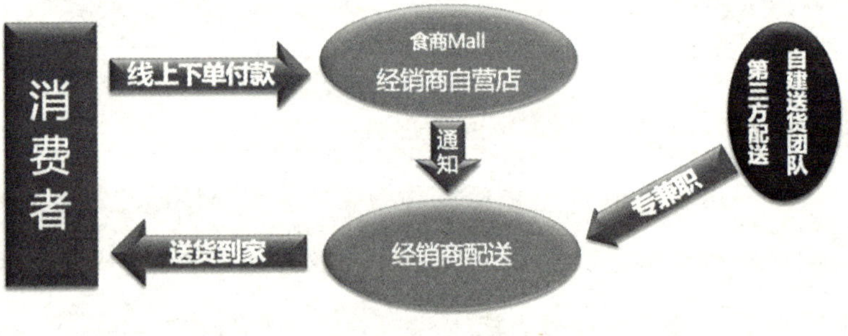

图 1-4 食商 Mall 购物与配送流程

资料来源：武汉新蓝海咨询。

消费者在食商 Mall 上购物后，经销商就会通知配送人员直接送货上门。经销商可以自建配送体系，也可以委托第三方配送。

通过实际运用，经销商陈总总结了食商 Mall 的八大特点。

食商 Mall 的八大特点

特点 1：区域电商＋微商平台，防止窜货，厂家放心。

特点 2：只允许厂家授权的经销商入驻，防止假货，消费者放心。

特点 3：采用三个价格体系，适合团购，区别于天猫、京东，有竞争力。

特点 4：采用三级微商体系，实现全员营销和分销裂变，增加员工收入。

特点 5：不需要刷单，不需要做广告，降低经营成本，经销商受惠。

特点 6：方便客户购买，客户黏性强，忠诚度高，回头客多。

特点 7：是帮助经销商提升销量、打击线上竞争对手的有力武器。

特点 8：是经销商迎来又一个春天的必备电商工具，让经销商的未来充满希望。

作者梅明平对经销商说

食商 Mall 是我在研究了经销商在销售渠道中的八大职能后，打造的一款专门针对食品经销商的区域性线上销售平台，帮助经销商实现特通渠道的线上销售，如餐饮渠道、单位食堂、食品厂、企事业单位福利团购等。

实体经销商承担八大职能，包括实物转移、所有权转移、促销、谈判、融资、承担风险、下订单和付款。一个厂家永远不可能只和一两个电商平台做生意，否则会承担极大的风险。一个厂家不可能仅仅依靠一两个电商平台推广新品，必须依赖成百上千的经销商做促销活动，推广新品才可能成功。一个厂家不可能将货物都压到一两个电商平台，必须依靠成百上千个经销商，通过现款现货实现资金快速周转。一个厂家不可能仅仅依靠一两个电商平台专门销售没有利润的爆品、网络专供款和特价促销品，必须依靠经销商进行全品类进货以提高平均毛利率。基于以上分析，与厂家签订经销合同的经销商，过去是、现在是、将来也一定是帮助厂家分销的中坚力量。

为什么现在全国人民都在卖货，到处都充斥着“卖卖卖”的声音？其主要原因是经销商在线上渠道的缺位。部分区域的消费者习惯在线上渠道购买，而负责区域市场销售的经销商却没有合适的区域性线上渠道来满足区域消费者在线上购物的需求。现有的线上渠道是全国性的，不适合经销商在上面开店。由于部分消费者习惯在线上购物，而经销商又无能为力，厂家只得亲自出面在天猫等全国性电商平台建旗舰店销售，厂家这样做也是不得已而为之。如果经销商能够把厂家授权的区域市场的线上销售承担起来，厂家高兴都来不及。

如果你是食品经销商，如果你经营的是酒、水、奶、米、面、油、酱油、醋等品类，建议马上拿出手机，搜索小程序“食商 Mall”，快速在食商 Mall 区域性电商平台上开设网店，实现区域线上销售，快速提高业绩和利润，实现全渠道营销。

3. 斯莱沃斯基渠道

作者梅明平对经销商说

渠道就是金矿，找渠道就是找金矿。渠道要分细，渠道分得越细，业务员的执行力就越强，渠道开发就越容易。如学校渠道，可以进一步分为小学、中学、高中和大学渠道。现实中，目前渠道细分的工作只在厂家层面进行，还没有普及经销商层面。如果经销商开始这一工作，就会发现，原来还有那么多渠道没有开发！

斯莱沃斯基渠道，就是通过深度市场细分，发现更多能够产生销量的渠道，或称之为“寻找金矿”，以增加渠道数量、提高销量、实现盈利的模式，也称为渠道“倍增模式”。其目的是哪里有需要（金矿），就把商品铺到哪里。

建立斯莱沃斯基渠道的具体方法，是对商品的目标顾客群进行细分，以期找出更多的、适合商品销售的、以前未开发的销售渠道。

前文对某经销商的销售渠道进行了分析，该经销商把销售渠道分为 3 个大类和 10 个中类。3 个大类渠道是指现代渠道、传统渠道和特通渠道，10 个中类渠道是指重点系统、非重点系统、特渠专营、福利团购、餐饮渠道、ABCL 渠道、101 客户。

再来看看可口可乐采用斯莱沃斯基渠道模式建立的销售渠道。可口可乐通过对消费市场进行深度细分，将实体渠道分为 6 个大类、22 个中类和 45 个小类，见表 1-5。

表 1-5　可口可乐的斯莱沃斯基渠道

大渠道类别		中渠道类别		小渠道类别	
编号	渠道	编号	描述	编号	描述
壹	现代渠道	一	特大卖场	1	特大卖场
		二	超级市场	2	大型独立超市
				3	小型独立超市
				4	连锁超级市场
		三	便利店	5	连锁便利店
				6	独立便利店
贰	传统渠道	四	加油站	7	加油站
		五	食品店	8	面包店 / 蛋糕店
				9	其他食品店
		六	传统杂货店	10	大传统杂货店
				11	小传统杂货店
		七	一般商店	12	一般小型商店
				13	一般商店、百货公司
		八	小卖亭、书报摊	14	小卖亭、书报摊
叁	餐饮渠道	九	饮用	15	酒吧
				16	茶室、咖啡室
		十	快餐店	17	中式快餐店
				18	非中式快餐店
		十一	餐馆	19	高档中餐厅
				20	中档中餐厅
				21	低档中餐厅
				22	非中式餐馆

续表

大渠道类别		中渠道类别		小渠道类别	
编号	渠道	编号	描述	编号	描述
叁	餐饮渠道	十二	其他类别饮食场所	23	流动熟食贩卖店
		十三	游乐、休闲、旅游点	24	旅游、休闲、旅游点
		十四	电影院	25	电影院
		十五	运动场所	26	运动场所
		十六	娱乐	27	浴室、按摩店
				28	迪厅、夜总会、卡拉 OK
				29	游戏机中心、保龄球馆
		十七	网吧	30	网吧 A
				31	网吧 B
				32	网吧 C
肆	交通渠道	十八	住宿	33	酒店、度假村
				34	小旅馆、招待所
		十九	运输	35	运输供应者
				36	运输地点
伍	学校渠道	二十	小学、中学	37	小学
				38	中学
		二十一	学院、大学	39	大学食堂、餐馆
				40	大学超市
				41	大学宿舍
				42	大学传统食杂店、小卖亭
陆	特通渠道	二十二	工作场所、工矿企业	43	工厂、公用
				44	军事
				45	商业办公室、专业事务所

下面来比较一下某经销商和可口可乐的渠道细分情况，见表 1-6。

表 1-6　某经销商和可口可乐的渠道细分情况

渠道类型	某经销商的渠道细分	可口可乐的渠道细分	两者比较
大类渠道	3 类	6 类	多 3 大类
中类渠道	10 类	22 类	多 12 中类
小类渠道	0	45 类	多 45 小类

总结一下，渠道细分就相当于在地图上标注能够产金矿的具体地点，如标注为“北纬 47°52′48″，东经 106°55′35″”方便销售人员进行精准的市场开发，而不仅仅标注某个大的区域，如“武汉地区”，武汉地区那么大，客户在哪里？在哪里开发客户？

通过对可口可乐和某经销商的渠道细分比较，你是不是觉得渠道分得越细越好？如果将渠道分得越细越好，那么好在哪里？如果对现有渠道进一步细分，会不会增加 20% 的销量？

4．微商渠道

作者梅明平对经销商说

如果你希望实现全员营销，让公司的出纳、文员、司机、清洁工、搬运工、门卫、会计等都能成为销售员，并且还能增加他们的收入，那你就马上着手建立微商渠道。

很多经销商以为微商就是传销，其实不是。微商是基于移动互联网技术，以社交软件如微信、QQ 为工具，以人为中心，以社交为纽带的新商业。例如，在微信朋友圈发布商品信息并实现交易。现在，越来越多的企业鼓励员工开微店、做微商。

案例 董明珠率领格力 9 万员工做微商

2019 年 2 月，格力电器启动“全员营销”，每个员工有 1 万元的销售任务。格力电器董事长董明珠在接受采访时，对外宣称“格力现有 9 万名员工都开设了个人网店”，目的在于“拉近消费者与企业的距离”。这意味着“全员营销”升级为“全员网店”模式。

据称，董明珠自己也开了一家微店，在不到一个月的时间内，该微店销售额就突破了 200 万元，实现全员总销售额 4 592 万元，董明珠个人微店业绩占全员微店业绩的 4.4%。

通过这个案例可以得知，经销商要利用自己员工的微信朋友圈做销售，通过在微信朋友圈发送商品链接，或对微信好友一对一发送商品链接，把商品销售给员工的亲戚、朋友、同学、小区业主等。毕竟，这些人都是员工的熟人，对员工有信任，有熟人背书，容易成交。经销商的微商渠道如果做得好，会增加至少 10% 的销量。

什么是微商渠道？微商渠道就是利用微信小程序或微信公众号里的微商城，将商品的链接发到微信朋友圈、微信群、微博、头条等社交平台上，实现销售。

微商的分销级层一般采用 2~3 级，即自己下面 2~3 级完成销售以后，其上一级推荐的人可以获得销售佣金。下面以 3 级分销为例对佣金进行说明。

假设有分销员 A、B、C 和 D，他们的上下级关系如下：A→B→C→D，即 A 发展 B，B 发展 C，C 发展 D。这里要重点说明的是，如果 A 自己购买可以获得佣金，那么 A 就算第一级，A 只能享受下级 B 和 C 的销售佣金。如果 A 自己购买没有佣金，那么 A 就不算级层，A 可以享受下级 B、C 和 D 3 级的销售佣金。总之，目前微商享受佣金的级层最多为 3 级，级层太多有传销之嫌。

下面通过一个案例说明微商佣金分配。

微商佣金分配明细

第 1 级：A 购买，A 获得 4% 的佣金；

第 2 级：B 购买，B 获得 4% 的佣金，A 获得 3% 的推荐佣金；

第 3 级：C 购买，C 获得 4% 的佣金，B 获得 3% 的推荐佣金，A 获得 2% 的佣金；

第 4 级：D 购买，D 获得 4% 的佣金，C 获得 3% 的推荐佣金，B 获得 2% 的佣金，A 没有了。

以上案例说明，A 自购时可以获得佣金，所以只能享受 B 和 C 的销售佣金，加上自己享受的佣金，正好是 3 级。佣金比例可以由经销商自由设定。

图 1-5 可以更好地说明微商级层与佣金的关系。

三级级层结构图

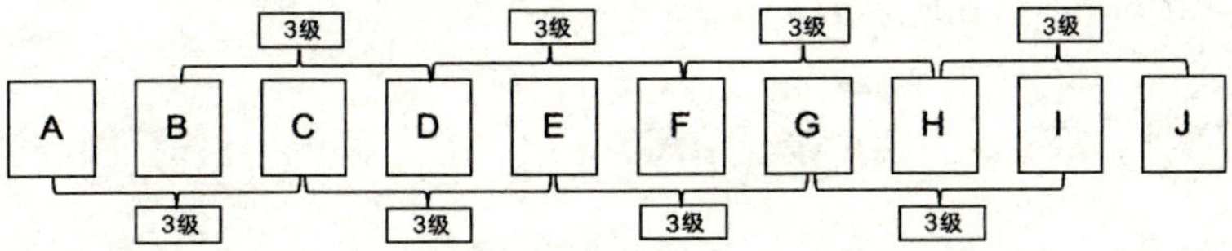

三级微商分佣比例

A	B	C	D	E	F	G	H	I	J
4%	3%	2%							
	4%	3%	2%						
		4%	3%	2%					
			4%	3%	2%				
				4%	3%	2%			
					4%	3%	2%		
						4%	3%	2%	
							4%	3%	2%

图 1-5　三级微商结构图与分佣比例

资料来源：武汉新蓝海咨询。

这里与大家分享一个好消息：食商 Mall 作为食品经销商专属的区域性电商平台，已经为经销商量身定做了微商功能，食品经销商只要将商品上线到平台的“分销市场”，每个员工只需要花 1 秒钟就可以生成自己的微店，并立刻将商品的购买链接发到朋友圈，方便朋友圈的好友购买。同时，通过微商渠道裂变的方式，可以很快使区域内大部分客户成为你的消费者和分销员。例如，餐饮店的老板既可以自己购买享受优惠，也可以分销给另一个餐饮店老板，当这个餐饮店老板购买后，自己可以马上获得佣金。这样大大降低了经销商获得客户的成本，使自己的商品一夜之间销售到每个餐馆、每个食堂、每个食品厂。

在哪里可以找到食商 Mall 呢？拿出手机，在微信搜索小程序“食商 Mall”，就可以立即使用了。赶快行动吧！

5. 社区团购渠道

案例　保定吴大嫂水饺经销商赵总利用社区团购平台提升销量

2018年，在与吴大嫂水饺保定经销商赵总聊天时，赵总告诉我，现在有一个新的销售渠道发展势头很猛，销量很大，下单、送货、结款都很快，他正在与这个渠道合作，销量很快增长了20%。

当时，我问赵总："这是什么渠道？"他说是"社区拼团渠道"。我再问："你是怎么找到这个平台的？"赵总说，他在食品批发市场有墙体广告，上面有联系电话，平台是通过电话号码找到他的。

2018年被称为"中国社区团购元年"，社区团购的形式从长沙开始出现，并迅速蔓延到全国多个城市，发展势头非常强劲，说明这种渠道非常受消费者欢迎。

那么，什么是社区团购渠道呢？哪些行业的经销商有机会与它们合作？在哪里能找到他们？

社区团购，是依托真实社区的一种区域化、小众化、本地化的团购形式，通过团长（一般为宝妈、社区附近的商铺、小区业主等）为社区内居民提供的团购形式的优惠购物活动。

社区团购开创了一种全新的团购模式，流程简单、方便快捷：团长通过社区团购平台发布自己的团购信息，居民通过站内搜索，找到团购商品链接，下单购买，平台向团长发货，团长通知居民提货。平台不收取任何费用，如加盟费、交易佣金、保证金等。

既然社区团购这么好，那什么行业的经销商有机会与社区团购渠道合作呢？目前，社区团购的商品主要为海鲜、肉类、乳制品、冻品、化妆品、休闲食品、水果、日化用品等刚需的家庭消费品。如果你是经营这些商品的经销商，可以开发社区团购渠道，提高销量。

那么，有哪些社区团购平台做得比较好？通过比较，以下5个平台是属于目前发展较好的。下面为大家介绍一下这些平台的特点，见表1-7。

表1-7 全国主要的社区团购平台介绍

平台名称	平台介绍
兴盛优选	总部位于长沙，定位是解决家庭消费者的日常需求，包括蔬菜水果、肉禽水产、米面粮油、日用百货等全品类精选商品。业务已辐射湖南、湖北、江西、广东、四川、重庆、陕西、河北、山东等地的百余个地（县）级市
十荟团	总部位于北京，以一日三餐及果蔬类高频刚需品为主力商品，定位为掌上社区便利店。与“你我您”合并，在华中、华东、华北、华南、西南5个核心区域战略布局，覆盖全国60个城市，为上千万城市家庭提供着服务
食享会	总部设在武汉，以社区为单位，由宝妈、店主为团长，借助微信、小程序，组织居民购买和支付，次日线下配送，用户自提。目前已经覆盖15省100个城市
美家买菜	总部设在北京，由中国生鲜巨头“美菜网”孵化，携手益海嘉里、海天、中粮、联合利华等众多知名品牌，在北京、上海、广州、深圳、杭州、武汉、成都、西安等近50个城市建立了仓储中心，有冷库
同程生活	总部位于苏州，从高频刚需的生鲜品类切入，主打日常家庭消费场景，利用微信群和小程序等流量红利组织线上团购，并落地形成了新型的家庭消费社交电商模式。创始人何鹏宇同时也是同程旅游的高级副总裁

目前，社区团购平台发展很快，变化也很快，经销商朋友可以

随时留意区域内发展较好的社区团购平台。

有的经销商问，在哪里能找到这些平台呢？方法很简单，这些平台都有自己的微信公众号，搜索一下就能找到了。以十荟团为例，具体路径为：打开“微信”→“通讯录”→“公众号”→右上角的“+”，搜索“十荟团”，点击“关注公众号”，点击右下角“加入十荟”，点击“加盟合作”，填写姓名、微信号、手机、地址、合作事项，点击“提交”，社区团购平台十荟团就会主动联系你。

作者梅明平对经销商说

作为经销商，如果你经营的是家庭生活用品，如日化用品、食品、水果等，建议你马上拿出手机，在微信公众号上搜索以上社区团购平台，与它们建立联系，以迅速开发社区团购渠道。

6. 快闪店渠道

快闪店渠道，是经销商应对电商、自我救赎的一种有效方式，它比在电商渠道购物更有优势，起源于美国西海岸地区，李维斯（Levi's）、阿迪达斯、盖璞（Gap）、耐克等都使用快闪店渠道销售产品。

那么，什么是快闪店渠道？经销商可以利用快闪店渠道提高销量吗？

快闪店渠道，就是指在商业发达的商业中心、高校、社区设置临时性的流动铺位，实现商品销售的一种方式，被冠以“零售新业态”的称号，在我国通常被称为“大篷车销售”。

下面来看几个快闪店的案例，如图 1-6、1-7、1-8、1-9 所示。

图 1-6 SHURE 在武汉天河机场的快闪店

图 1-7 京东在大连的快闪店

图 1-8　兰考农产品快闪店

图 1-9　南昌红歌食品经销商的大篷车快闪店

现在知道什么是快闪店渠道了吧，它在本质上就是移动店铺、大篷车销售，或者就是以前挑着担子走街串巷的小货郎。这种渠道形式能让商品直接呈现在消费者的面前，比在网店只看得见图片而看不到商品更有吸引力，比需要开车才能到达的城市商铺也更有吸引力。

在线上线下竞争异常激烈的情况下，在销售渠道碎片化的时代背景下，经销商朋友，你能不能利用你天时地利人和的优势，建立快闪店渠道，在自己的销售区域内长期进行快闪店销售，以达到提升竞争力、快速提高销量的目的？

相信你利用快闪店渠道，能够轻轻松松地实现10%的销量增长。不信？试试看。

作者梅明平对经销商说

如果你是经营居民消费品、生活用品的经销商，建议马上建立一个快闪店，在区域内各个目标小区、社区、商业中心开展零售活动，以应对日益发展的线上渠道的冲击。

7. 直播带货渠道

先来看看电视营销。电视营销是指销售者通过在电视台展示商品、介绍功能、告示价格，从而使顾客产生购买意向并最终达成交易的行为。

电视营销的优点在于：通过画面与声音的结合，使商品由静态展示转为动态展示，展示效果更加全面和直观；通过商品的全方位展示，使顾客注意力集中，接收信息的人数相对较多。

电视营销的缺点在于：制作成本高，播放费用昂贵；顾客很难将它与一般的电视广告相区分；播放时间和次数有限，稍纵即逝。

为了克服电视营销的缺点，销售者转而利用淘宝、抖音、快手、头条、微信直播等免费的直播工具进行销售，即直播带货。

先来了解一下什么叫带货。带货是网络流行语，指明星等公众人物对商品销售的带动作用，通过展示明星们对某一商品的使用与青睐，引起消费者的效仿，掀起对这一商品的购买热潮。

直播带货，是指通过一些互联网平台，使用直播技术进行商品展示、咨询答复、导购的新型销售方式，或由厂商自己开设直播间，或由职业主播集中进行推介。

直播带货有两大特色。一是直播现场互动性强、有感染力，消费者可以像在大卖场一样，跟卖家进行交流甚至讨价还价。二是能做到全网最低价，直接实现了商品和消费者对接。特别是对网红主播而言，直播的本质是让观众看广告，需要通过“秒杀”等手段提供最大优惠力度，才能吸引消费者，黏住消费者。

2019 年“双 11”期间，直播带货火爆。天猫数据显示，超过 50% 的商家通过直播获得销售增长。

2020 年 3 月，陕西周至县、宁夏同心县、吉林靖宇县、陕西宜川县、黑龙江虎林市和重庆石柱县的6位书记、县长，走进“战疫助农”抖音直播间，向网友们推荐当地特色农产品。

2020年4月1日，罗永浩带来抖音直播首秀，并创下了抖音平台当时的最高带货纪录：支付交易总额超过1.1亿元。

如果经销商希望通过直播带货，可以利用微信直播功能在自己的微信朋友圈进行尝试。

经销商赚钱工具箱

在搭建多元化渠道时，经销商要掌握以下10个要点。

1. 零售业态发展路径。
2. 各种渠道与实体经销商的相关性。
3. 单一与系统销售渠道结构。
4. 食品经销商全渠道结构图。
5. 食商Mall购物与配送流程图。
6. 可口可乐的斯莱沃斯基渠道。
7. 微商的三级佣金分配法。
8. 社区团购流程图。
9. 快闪店。
10. 直播带货。

经销商赚钱行动计划

在搭建多元化渠道时，经销商要先开展以下 5 项工作。

1. 参照可口可乐，按照大渠道、中渠道和小渠道对渠道进行分类。

2. 食品经销商使用微信小程序“食商 Mall”，建区域网店。

3. 食品经销商利用“食商 Mall”，让员工开微店、做微商。

4. 在微信公众号上搜索社区团购平台，建立社区团购渠道。

5. 成立快闪店小组，建立流动性零售渠道。

二、分销密集化

作者梅明平对经销商说

很多经销商，尤其是名牌快消品经销商，当他们获得产品经销权以后，产品在市场上的铺货率仅为 20% 左右，结果发现不赚钱甚至亏损，于是得出结论：经销名牌产品不赚钱。例如，以食用油为主的某知名品牌，同样是 300 万人口的区域，很多经销商微利甚至亏本，但也有个别经销商一年居然可以赚 1 000 万元。这到底是什么原因呢？很明显，不是产品的问题，是经销商的经营问题。名牌产品的特点是“利润薄，流动性强”，所以低毛利的名牌产品赚钱的秘诀是：使其市场覆盖率达到 70% 以上，实现“薄利多销、密集分销”。

案例　某啤酒经销商提高分销密度的新客户开发计划

××牌啤酒新客户开发铺市计划

1. 目的：

新开客户越多，铺市率就越高，销量越大。

2. 方法：

（1）区域总客户数目标：按每 1 200 个城市人口配置 1 个零售店的比例确定店铺总数；

（2）提升铺市率目标：3 月 2.5%，4 月 3%，5 月 3.5%。

具体计划数据请见下页的表 1-8。

从表 1-8 可以看出，该啤酒经销商按照城市人口数确定目标客户数，简单平均，是确定铺市率的好方法，值得借鉴。按照同样的比例，明确了每个业务员在 3、4、5 月的新客户开发目标，让每个业务员心中有数。通过 3 个月的连续开发，××牌啤酒铺市率从 40% 提高到了 49%。可以说，这位经销商的经营还是相当有方法的。

做经销商一辈子，新客户开发也要做一辈子！

开发新客户，是实现分销密度最大化的唯一路径，那么，什么是分销密度呢？再来看看可口可乐的案例。

表 1-8　××牌啤酒新客户开发铺市计划明细表

业务员	区域人口数	总客户数	2019 年客户数		2020 年开发客户数目标							
			铺货客户	铺货率	3 月铺市率提升目标	3 月新开客户数	4 月铺市率提升目标	4 月新开客户数	5 月铺市率提升目标	5 月新开客户数	3 个月开发客户合计	截至 5 月铺市率
王大毛	289 812	242	128	53%	2.5%	6	3.0%	7	3.5%	8	21	62%
李小军	219 283	183	78	42%	2.5%	5	3.0%	5	3.5%	6	16	52%
陈小武	187 902	157	65	41%	2.5%	4	3.0%	5	3.5%	5	14	51%
毛文华	167 234	139	45	32%	2.5%	3	3.0%	4	3.5%	5	12	41%
朱达文	202 091	168	78	46%	2.5%	4	3.0%	5	3.5%	6	15	55%
秦 芳	243 866	203	63	31%	2.5%	5	3.0%	6	3.5%	7	18	40%
王大毛	123 876	103	23	22%	2.5%	3	3.0%	3	3.5%	4	10	31%
合计	1 434 064	1 195	480	40%	2.5%	30	3.0%	36	3.5%	42	108	49%

案例 可口可乐的3P策略

无处不在（Pervasiveness）：要求可口可乐公司的产品必须渗透到市场的每一个角落，使得消费者在任何时候任何地点都可以方便地购买到。

心中首选（Preference）：要求可口可乐公司的产品不仅能被消费者接受和喜欢，更要力争占领消费者的心智空间，成为其心中首选的产品或品牌。

物有所值（Price to Value）：不仅消费者有能力购买，而且力争使消费者获得的回报符合甚至超过其付出。

其中，“无处不在”指的是分销密度，意思是在你想看到的地方、在你想购买的地方它都在，也可以叫“无孔不入”。

我们来看看分销密度的定义。

分销密度是指商品在销售区域的覆盖程度，即商品的可获得程度。分销密度分为密集性分销、独家分销和选择性分销。

其中，密集性分销是指经销商尽可能多地使用零售商销售商品，使消费者在市场中的绝大多数零售网点都可以非常便利地购买到其所经销的商品，使市场中每个零售网点的商品陈列都达到“饱和状态”。

与之相反，处在另一个极端状态的是独家分销，即在特定区域内只通过一个零售商销售其所经销的商品，因此，该零售商在该市场上对该品牌的商品具有“独占性”。

"饱和状态"和"独占性"是分销密度的两种极端状态，处于二者之间的是一个中间商数量的连续分布带，即在特定区域市场内通过一家以上、但不是所有可能的零售商对市场进行部分覆盖，这种部分覆盖的状态，称为"选择性分销"。

对于经销商来说，如何确定分销密度呢？主要看你经营的商品的特性。如果经营的是流通性强的商品，就采用密集性分销，快速铺市，见店就铺；如果经营的是流通性弱的商品，则采用选择性分销，选择样板店，通过开展促销活动进行销售。

如果经营的是名牌快消品，建议采用密集性分销，提高市场覆盖率，这样对流通性强的商品会更有利。

为什么密集性分销对流通性强的名牌快消品更有利？

1. 零售商越多，销量越大。商品的覆盖率越高，购买者就越容易找到该品牌，该商品的销售量就越大。

2. 就近购买。许多快速消费品，只要是能接受的品牌，购买者更倾向于在最近的店铺购买，而不会刻意花时间到其他较远的零售店去寻找他们喜欢的品牌，如口香糖、矿泉水、食用油等。

3. 临界点效应。当市场覆盖率达到一定程度（如 50%）时，就会产生规模效应和趋势效应，销售额会迅速放大。例如，邻居、朋友、同事买什么品牌的商品，你也就很自然地会购买相同品牌的商品。

接下来分析一个案例，看看经销商老张错在哪里。

案例 老张的分销战略错在哪里？

老张是一款名牌快消品的经销商，对厂家的忠诚度较高。

老张经营的区域大，产品零售网点分布广，既有大型超市网点，又有许多小型零售店。

老张与厂家合作快 10 年了。除几家大型超市外，老张一直采用坐商方式经营，等客上门。原来的生意还不错，整个市场销量大，但利润率低，现在生意越来越差，窜货时有发生，市场价格也不稳定。

老张面对越来越难的经营状况，该怎么办？

亲爱的经销商朋友，为什么老张的经营越来越难？

经营毛利率低的名牌产品的经销商一定要注意，如果你的分销密度不够，假如你的经销区域有 1 万家零售店可以销售你的产品，但你只选择其中 1 000 家零售店销售，市场占有率只有 10%，那你肯定做不下去。因为，名牌产品毛利率低，要采用薄利多销的策略，实现密集性分销才有出路。

案例中的老张，应该从坐商变成行商，由被动等客上门，变为主动上门销售。因为是名牌快消品，产品的市场接受度强，只要铺到货架上就能产生销售。所以，要采用密集性分销，薄利多销，以量取胜，才能获得较好的效益。

最后，为大家介绍欧洲工商管理学院 MBA 客座教授、分销渠道管理专家朱利安·丹特在《渠道分销》一书中对于密集性分销和选择性分销的界定，其关于不同特性商品的分销密度的选择，见

表 1-9。

表 1-9 不同特性商品的分销密度的选择

项目	名牌产品	非名牌产品
产品特性	名牌、销量大、利润低	杂牌、销量小、利润高
分销密度	密集性分销	选择性分销
盈利方式	通过节流提高利润：节约营销费用； 减少广告费用：少做广告； 减少人力资源费用：用普通人才； 减少坏账：避免赊销	通过开源获得利润：找市场要钱； 大力开展促销活动：天天做促销； 提供良好服务：如送货上门； 前期要投入：市场有一个培育过程

经销商朋友，如果你经营的是毛利率低的名牌产品，如五得利面粉、金龙鱼油、思念水饺、东湖陈醋、陈克明面条等产品，建议将市场覆盖率迅速提升到 70% 以上。否则，会浪费大把市场机会，你也很难生存下去。

作者梅明平对经销商说

很多经营名牌产品的经销商都知道要提高分销密度，但为什么没有行动，分销率一直很低呢？他们的理由是分销不赚钱，不能亏本送货。例如，一个县城经销商如果给分散的 200 个乡镇零售商送货，结果是送一次亏一次，赚的钱都不够支付送货车的过路费和油钱，怎么做分销？

这是一个很好的理由。但是，就没有办法了吗？难道你永远不分销到乡镇吗？

黄梅县的经销商邢老板在这方面就很有经验。他在每个乡镇选一个零售商做该乡镇的独家分销商，并签订独家分销协议，包括一年的分销量、要开发的乡镇零售商客户的数量。县城经销商在每个月月底和每年年底，根据进货量和分销客户数量对乡镇的独家分销商进行奖励，非常成功。现在，该县城经销商在当地的市场占有率达到80%，真正成为区域“霸主”。

经销商朋友，你也可以像黄梅县的经销商邢老板一样，将分散的200多个零售商交给20个乡镇的独家分销商管理，这样一来，你的配送成本不就降低了吗？密集性分销不就实现了吗？

不赚钱的分销方式：县城经销商→200多个分散的乡镇零售商。

赚钱的分销方式：县城经销商→20个乡镇独家分销商→180多个分散的乡镇零售商。

经销商赚钱工具箱

在实现分销密集化时，经销商须掌握以下10个要点。

1. 低毛利商品的赚钱秘诀。
2. 区域总客户数确定方式。
3. 新客户开发铺市计划明细表。
4. 可口可乐的3P策略。
5. 密集性分销。
6. 选择性分销。
7. 独家分销。

8. 快速消费品采用密集性分销的好处。

9. 朱利安·丹特教授的分销密度选择理论。

10. 降低分散客户配送费用的方法。

经销商赚钱行动计划

在实现分销密集化时，经销商要立即开展以下3项工作。

1. 制订新客户开发铺市计划明细表：

（1）确定区域目标客户总数；

（2）确定每个月每个业务员铺市率提升目标；

（3）确定每个月每个业务员新客户开发数量目标。

2. 参照朱利安·丹特教授的分销密度选择理论做出分销决策：

（1）确定现有经营品牌的分销密度；

（2）确定现有经营品牌的盈利方式。

3. 确定分销结构：

（1）在县城等零售商密集的区域，由经销商送货，分销结构为：经销商→零售商；

（2）在乡镇等零售商分散的区域，由乡镇独家分销商送货，分销结构为：经销商→乡镇独家分销商→零售商。

三、陈列最大化

作者梅明平对经销商说

商品进入卖场后，其陈列数量、陈列位置、陈列形式、陈列面积都能对销量产生影响。而业务员的谈判能力、业务员与卖场的客情关系，决定了商品陈列效果，从而也决定了商品在该卖场的销量。经销商要根据不同的卖场，对业务员提出明确的商品陈列要求，并进行严格的考核，这样才能保证陈列的效果。否则，商品虽然进了卖场，也支付了陈列费用，但效果很难保证。

案例　某品牌经销商对陈列最大化的要求

经销商老王代理了A、B、C和D四个品牌，每个品牌的主销产品数量见表1-10。

表1-10　各品牌主销产品一览表

品牌名称	主销产品数量	主销产品名称
A	12SKU①	略
B	10SKU	略
C	5SKU	略
D	7SKU	略

了解到了每个品牌的主销产品SKU后，经销商老王接下来确定每个品牌在每个渠道陈列的SKU数量和排面数量，见表1-11，以便

① 全称是Stock Keeping Unit，意为库存量单位，可以是以件、盒、托盘等为单位。

对员工的工作进行检查和考核。

表 1-11　每个品牌在每个渠道的 SKU 陈列数量与排面数量最低标准

渠道类型	A 品牌	B 品牌	C 品牌	D 品牌
现代	8 个 SKU/12 个排面	7 个 SKU/10 个排面	3 个 SKU/4 个排面	4 个 SKU/4 个排面
传统	6 个 SKU/8 个排面	5 个 SKU/6 个排面	2 个 SKU/2 个排面	3 个 SKU/3 个排面
批发	4 个 SKU/4 个排面	3 个 SKU/3 个排面	2 个 SKU/2 个排面	2 个 SKU/2 个排面

最后，经销商老王制定了商品陈列的检查标准与处罚制度，具体见表 1-12。

表 1-12　现代渠道 SKU 数量与排面数量检查标准与处罚标准明细表

	SKU 陈列检查	排面数量检查	检查数量与频率
A	8 个 SKU，每少 1 个罚款 10 元	12 个排面，每少 1 个罚款 5 元	4 次 / 月，10 家 / 次
B	7 个 SKU，每少 1 个罚款 10 元	10 个排面，每少 1 个罚款 5 元	4 次 / 月，8 家 / 次
C	3 个 SKU，每少 1 个罚款 15 元	4 个排面，每少 1 个罚款 5 元	2 次 / 月，5 家 / 次
D	4 个 SKU，每少 1 个罚款 15 元	4 个排面，每少 1 个罚款 5 元	2 次 / 月，5 家 / 次

通过以上案例了解到，要做到商品陈列最大化，最重要的是要制定商品陈列 SKU 数量和排面数量标准，并制定检查、考核和奖惩制度。

渠道多元化讲的是渠道类型，分销密集化讲的是分销店铺数量，而这里讲的陈列最大化是指在一个店铺内的陈列面积。

即使达到了 90% 的市场覆盖率，也不能说明就会产生销量，因为在一个店铺的陈列面积决定了是否真正产生销量。

业务员动手能力越强，终端陈列越好，销量就越大！看一个业务员的工作能力如何，看其商品陈列就知道了。商品陈列是业务员的核心工作能力，因为商品陈列不仅仅需要花钱，更重要的是要靠客情关系抢占好地方、好位置。

下面来看几种主要的陈列方式。

1. 货架陈列

货架陈列，是指所有处于销售状态的商品在货架上进行陈列的方式。货架的形式有多种，如陈列容易产生冲动性购买的商品在收银台前的货架，陈列日常食品及百货的 H、L 型货架等。

货架陈列是现在最为流行的商品陈列方式，要取得良好的陈列效果，可以在不同的位置陈列不同的商品，见表 1-13。

表 1-13 货架不同段位陈列的商品类型

货架段位	陈列商品
上段货架	货架的最上层，陈列推荐的商品、有一定知名度的商品
黄金段货架	货架的第二层，陈列高利润的商品、重点销售的商品
中段货架	货架的第三层，陈列能吸引顾客注意、引导顾客购买黄金段货架的商品
下段货架	货架的最低层，陈列体积较大、重量较重、易破碎、利润低的商品

2. 端架陈列

端架陈列，即在端架上进行商品陈列。端架就是在顾客视线需要转弯处所设置的货架。端架是顾客在卖场之中经过频率最高的地方，也是最佳的陈列位置。

适于在端架上陈列的商品主要有 4 类：新商品、利润高的商品、周转率高的商品、降价促销的商品。

端架陈列要注意以下几点。

第一，同一种商品在端架上陈列的时间以一周左右为宜。

第二，要让顾客明显地感到端架上陈列的商品价格更便宜。

第三，端架陈列品种不宜过多，以垂直方向陈列为佳。

第四，端架陈列要营造出大量销售的气氛，如采用堆积式陈列。

第五，主体陈列要符合顾客的生活习惯，贴近顾客生活。

3. 堆头陈列

堆头陈列是指超市中商品单独陈列所形成的商品陈列，有时是一个品牌产品单独陈列，有时是几个品牌的组合堆头，一般放在花车上，或箱式产品直接堆码在地上。堆头陈列一般需要经销商向超市缴纳一定的费用才能申请到，对于最佳的堆头地段，经销商甚至需要通过激烈的竞争，付出高价才能争取得到。

对于经销商来说，什么样的商品需要做堆头陈列?

第一种：新品。新引进的商品，为了推广新商品而特意做的堆头陈列。

第二种：应季品。季节性商品销量大，可以快速提高销量。

第三种：促销品。为了促进商品的销售而开展的降价、限时限量等促销活动。

第四种：打击竞品的商品。经销商为了打击竞争对手的利润型商品而开展的堆头促销。

案例 某经销商为了打击竞争对手经常把超市堆头全买下

某超市有6个堆头，每个堆头的费用为600元，经销商王总全买了下来。因为竞争对手经营的产品品种单一，而王总经营的产品米、面、油都有。竞争对手把米、面、油分给不同的经销商经营，其中一个经销商就不能在超市把米、面、油三种堆头全买下。

堆头商品是商家向顾客特别推荐的商品、是对顾客具有更大吸引力的商品、是单品销售量较大的商品。堆头是商场重要的陈列位置，所以要做好堆头商品的销售，把堆头作为一个重要的阵地。但是，不要以为做了堆头陈列销量就会自动提升了，还要做好堆头销售氛围的营造工作。

经销商王总的堆头销售一直做得很好，下面来看看他是怎么做的。

食品经销商王总堆头销售五要点

要点1：陈列期为7~10天。

要点2：标价的清晰度为在10米外能看清。

要点3：每天补充货源2~10次。

要点4：每天跟踪换掉销售额较小的单品。

要点5：必须有现场试吃活动，无试吃、不堆头。

4. 创意陈列

创意陈列，就是运用各种道具，结合时尚文化及产品定位，通过各种展示技巧，将商品最有魅力的一面展现出来并能提升其价值的一项专业技能。

商品的创意陈列能够给人以强烈的艺术感、商业性、时尚感和技巧性，通过直接的视觉冲击来吸引消费者的兴趣并刺激消费，如图 1-10、1-11 所示。所以说，创意陈列可以起到展示商品、提升品牌形象、营造销售氛围、促进商品销售的作用。在国外，从事陈列设计这一职业的设计师已被视为“金领”一族，而在中国，这一行业才刚刚起步。

图 1-10　雪碧饮料创意陈列——足球场

图 1-11　王老吉创意陈列——Love

经销商可以研究一下创意陈列，通过不断变换的创意陈列，吸引超市与你合作。因为创意陈列不仅能提高商品对消费者的吸引力，也能美化超市购物环境，提高超市在消费者心中的美誉度。

最后，分享一个陈列促销的案例。

案例 ××品牌食用油“百桶大战”促销活动

1. 促销目的：集中资源抢占终端任何可陈列位置，提升终端陈列覆盖率。

2. 促销方案：

（1）100 桶堆头：陈列费用 150 元 / 组，以业务员为单位奖励 50 元 / 组（A、B 类店独立地推，C、L 店可多点陈列，单个业务员落实 10 组以上可奖励 100 元 / 组）；

（2）200 桶堆头：陈列费用 350 元 / 组，以业务员为单位奖励 100 元 / 组（A、B 类店独立地推，C、L 店可多点陈列，单个业务员落实 10 组以上可奖励 150 元 / 组）。

3. 活动说明：以上陈列费用需由市场部负责人审核通过后，且参与活动产品必须为捆绑装，方可核销。

4. 活动时间：1 月 1 日—2 月 15 日。

5. 活动要求：每天下午 5 点前，反馈地推照片、当日落实地推数量、累计落实地推数量，未能按时提报的视为当日未能落实。

经销商赚钱工具箱

在实现陈列最大化时，经销商须掌握以下 9 个要点。

1. 货架陈列。
2. 在不同货架段位应陈列的商品类型。
3. 端架陈列。
4. 端架陈列五大注意事项。
5. 堆头陈列。
6. 适合做堆头陈列的四种商品。
7. 堆头陈列五要点。
8. 创意陈列。
9. 陈列设计师。

经销商赚钱行动计划

在实现陈列最大化时，经销商要立即开展以下 5 项工作。

1. 制定商品陈列管理制度：

（1）制定每类渠道商品陈列的最低 SKU 标准；

（2）制定每类渠道商品陈列的最低排面标准；

（3）确定陈列检查频率与每次检查数量；

（4）制定未达标的处罚措施。

2. 确定货架不同段位陈列的商品名称，可以使用表 1-14 所示的一览表工具。

表 1-14 不同段位陈列的商品名称一览表

货架段位	陈列商品名称
上段货架	
黄金段货架	
中段货架	
下段货架	

3. 制定端架陈列注意事项。

4. 确定堆头陈列的商品及其销售要点。

5. 制订创意陈列竞赛方案。

四、促销常态化

作者梅明平对经销商说

为什么卖猪肉的小摊贩没有卖不出去的猪肉？无论是好卖的瘦肉还是不好卖的肥肉，到最后收摊时都能全部卖光？为什么经销商总是有一大堆不好卖的产品积压在仓库？

好卖的产品不需要你卖！经销商永远要把销售重点放在不好卖的新品、高利润产品和积压品上！经销商要会利用好卖的产品将不好卖的产品销售出去！

经销商的优势在于手中有好卖的但利润很薄的畅销品，劣势在于手中有不好卖的但利润较高的滞销品，经销商的销售重点在于利用好卖的产品把不好卖的产品卖出去实现盈利，这是经销商盈利的关键！

如何利用好卖的产品把不好卖的产品卖出去呢？这就需要运用促销智慧！

大家想过没有，为什么卖猪肉的小摊贩没有卖不出去的猪肉？为什么经销商有那么多卖不出去的货堆在仓库？难道经销商的销售能力比卖猪肉的小摊贩还差吗？

你见过卖猪肉的小摊贩把好卖的瘦肉都卖完了，不好卖的肥肉都留给自己吃的吗？没有！但是有很多经销商把好卖的货都卖完了，不好卖的货在仓库里越堆越多！

你见过卖猪肉的小摊贩在收摊时，还剩下一大堆不好卖的肥肉、内脏在案板上的吗？没有！但是有很多经销商在收摊时，发现好卖的货断货了，剩下一大堆不好卖的货安静地躺在货架上。

下面分析一下小摊贩是怎么卖猪肉的，学学他们的经验。

案例　卖猪肉的小摊贩张师傅

首先，分解。张师傅把半扇猪肉从批发市场进回来后，进行切割分解，分成消费者可以购买的量，并挂在挂钩上或放在案板上，方便消费者选购。如果不进行分解，把半扇猪肉放在案台上，消费者怎么选购呢？这就相当于经销商的月度进货套餐，根据零售商的进货量和品类，分成 1 000 元、5 000 元和 8 000 元进货套餐，并把进货套餐信息通过微信、短信推送给零售商。

其次，搭售。张师傅把不好卖的内脏、肥肉等堆在一起，放在手边，在顾客购买瘦肉时，顺手搭一点不好卖的产品如肥肉进去。例如，顾客买1斤瘦肉，张师傅就搭1两肥肉给顾客，顾客一般都会接受，因为毕竟不多，肥肉还可以榨油。这就相当于经销商每个月把不好卖的产品放在一起，在零售商进货时通过捆绑促销卖出去。例如，零售商买10件好卖的A产品，必须捆绑不好卖的B产品（B产品量少，零售商一般不会拒绝）。当然，B产品可以通过以下方式与A产品同时销售出去。方法1，买赠策略：买10件A产品送1件B产品。方法2，B产品特价策略：买10件A产品，可以以半价购买B产品1件。方法3，整体优惠策略：购买10件A产品和1件B产品，原价120元，现促销优惠价108元。

最后，甩卖。张师傅在收摊时进行大甩卖，将剩下的猪肉，管它好卖还是不好卖的，都一起特价甩卖出去，最后收摊时一两猪肉都不剩，因为猪肉保存期短，如果卖不出去的话，第二天就会变质，一分钱都赚不到。张师傅发现，在任何时候都有人购买甩卖的产品，不用担心尾货卖不出去。就相当于经销商在每个月月底必须进行一次尾货大甩卖，全部清仓，不留一点积压产品。

通过张师傅这个案例，我们可以知道，张师傅销售的重点不是瘦肉，因为瘦肉是好卖的产品，顾客会主动购买，不用张师傅推荐。张师傅销售的重点，就是利用好卖的瘦肉把不好卖的肥肉、内脏等边角余料搭售出去。另外，张师傅知道卖猪肉赚钱的秘密：卖瘦肉只能保本，卖肥肉、内脏才能赚钱。

经销商想要赚钱，面临三道坎。

第一道坎：卖新品。

第二道坎：卖高利润产品。

第三道坎：卖零售商不想要的产品即积压品。

如果这三道坎跨不过去，要想成为赚钱的经销商，那是不可能的！

那么，如何跨过这三道坎呢？这就需要学习卖猪肉的小摊贩的销售经验，通过各种各样的促销手段，将商品销售出去，获得利润。

什么是促销？促销就是通过传递商品的各种信息，说服或吸引消费者购买该商品。

经销商的促销有两个对象，一是针对传统渠道的零售商，主要目的是吸引传统渠道的零售商多进货；二是针对现代渠道的消费者，主要目的是吸引现代渠道的消费者购买商品。

1. 针对零售商的促销

针对零售商的促销，主要目的是激发传统渠道零售商多进货，包括一次性多进货和一段时间内（一个月累计、一年累计）多进货。下面学习6种让零售商多进货的方法，即混合包装箱、进货套餐、返利、保价政策、满减/满加促销和旅游奖励。

①混合包装箱。

案例 沙巴哇休闲食品的混合包装箱

沙巴哇是越南进口休闲食品，包括菠萝蜜干、紫薯干、芋头条干、芭蕉干 4 种产品，每箱产品的零售商进货价格为 160~480 元。如果一家小型零售商每个品种进一箱，需要 1 200 元左右，这对零售商来说进货压力大。于是，在给这家企业做咨询时，我建议提供一种混合包装箱，将 4 种产品组合在一起，一箱混合包装只需要 200 多元，零售商同时可拥有 4 种产品。这样的混合包装箱推向市场后，大受零售商的欢迎。

如果零售商进货时希望一次花钱不多而进货品种多，但现在一箱产品数量太多，建议经销商将多种产品进行拆箱后重新组合。

为什么呢？因为大多数情况下，厂家是在流水线上生产，同类产品包装在一起能够节约成本。厂家不会额外花时间将产品进行混合包装，这就需要经销商自己拆箱、重新包装，方便零售商一次进多个品类的产品。

所以，经销商可以根据现有零售商的进货特点，如每次进货的价格、品类及进货频率等，将零售商需要的不同品类的产品，如新品、滞销品、畅销品，放在一个包装箱内，这就是混合包装。

例如，原来零售商每次进货的平均价格为 800 元，平均进货品类为 4 种，那么经销商可以考虑在平均价格 800 元不变的情况下，将进货品类增加到 6~8 种。

混合包装适合体积小的产品，如快速消费品、日用品、五金产品、小家电等。

② 进货套餐。

案例　经销商陈总 8 月针对传统渠道零售商的进货套餐

8 月零售商进货套餐促销计划：

为了答谢广大零售商经过共同努力，超额完成公司 7 月销售计划，特推出 8 月进货套餐。

促销对象：传统渠道零售商；

促销时间：8 月 1—10 日；

促销内容：一次性进货 3 万元优惠 7%，一次性进货 1 万元优惠 5%，一次性进货 2 000 元优惠 3%，一次性进货金额低于 2 000 元则不享受优惠。

什么是进货套餐呢？就是经销商根据传统渠道零售商预期的进货目标（进货品种和进货金额），将不同规格、不同种类的产品组合起来销售，并根据金额的大小给予不同优惠（折扣或赠品）的一种促销方式。

进货套餐有以下好处。

第一，帮助零售商做进货决策。经销商事先将零售商的进货品类、进货金额规定好，零售商只需要选择套餐就可以了，减轻零售商的选货压力。

第二，控制产品销售结构。经销商可以通过进货套餐，把好卖的和不好卖的、利润高的和利润低的、新的和老的产品组合起来进行销售，以控制综合毛利率、减少积压产品。

第三，吸引零售商进货。由于经销商每个月都会推出进货套餐，零售商养成了根据套餐进货的习惯，吸引零售商每个月都进货。

③返利。

案例 经销商老邢五金与零售商签订返利协议

甲方：老邢五金（经销商）

乙方：（零售商）

甲、乙双方就××电器产品的销售合作事宜，本着公平互利、共同发展的原则，经双方协商，达成如下合作条款，共同遵守执行。

一、授权

甲方授权乙方在××（区域）范围内，××牌电器系列产品独家经销权，其他流通系列产品享受优先促销及全系列产品年度、月度返利政策。

二、合同有效期限

本合同有效期自_____年___月___日起至_____年___月___日止。

三、乙方的义务和权利

1．乙方是甲方授权区域内××牌电器产品的一级零售商，并有权在该区域内开发其他零售商帮助分销。甲方为乙方提供专卖展示柜进行产品展示陈列，展示陈列柜方面的装修由甲方提供免费物料支持及广告物料支持。乙方有义务保持××品牌形象展示，不允

许 ×× 品牌形象展示柜上出现竞品。

2．乙方有义务严格执行甲方统一的终端零售价格体系，不可以随意降价扰乱市场。

3．乙方有义务与当地水电工搞好合作关系，确保乙方在当地更好地销售，甲方为乙方免费提供相应的物料和礼品支持，甲方也会配合好乙方开拓与水电工的关系。

4．乙方免费享有甲方提供招牌等各类广告支持。

5．乙方完成任务可以享受返利政策。

四、月度销售任务及对应奖励

月度返利政策见表 1-15。

表 1-15　月度返利政策

销售额	0.5 万元	0.8 万元	1 万元
返利额度	3%	4%	5%

备注：以上月度返利政策适用 ×× 牌电器全系列产品，每个月中旬发放上月的返利金额，上月返利不计入本月销售额，×× 牌电器大型促销期内进货不计入月度返利。

五、年度销售任务及相对应奖励

年度返利政策见表 1-16。

表 1-16　年度返利政策

销售额	3 万元	5 万元	6 万元
返利额度	5%	6%	8%

备注：以上年度返利政策适用 ×× 牌电器全系列产品，每年 1 月 31 日前发放上一年度的返利金额，上一年度返利不计入本年度销售额，月度返利和年度返利可以叠加享受，×× 牌电器大型促销期内进货计销量不计入年度返利。

六、其他

本合同正本一式两份，双方各执一份，于甲、乙双方签名盖章之日起生效，前期双方所签合同自动中止。本合同在执行过程中，双方如有异议，协商解决，协商无效，可通过诉讼程序解决。

七、其他约定事项

甲方：　　　　　　　　乙方：

地址：　　　　　　　　地址：

电话：　　　　　　　　电话：

签约代表：　　　　　　签约代表：

签约日期：　　　　　　签约日期：

别小看经销商老邢与零售商签订的这份协议，就是这份协议，帮助老邢五金成了当地的区域“霸主”。这份协议把零售商牢牢地控制住了，让零售商成为经销商的销售帮手。

那么，什么是返利呢?

返利，是指经销商为了刺激零售商进货而采取的一种正常商业操作模式，一般是在一定时间范围内，如月、季或年，在零售商完成指定销售额的情况下，经销商按照销售额一定百分比所给予的奖励，以现金或产品形式给予兑现。

返利形式多种多样。

按时间返利，一般是按月度、季度和年度返利。

按销售额返利，是指零售商完成一定销售额才会产生的返利。例如，月销售额超过 8 000 元才有返利。

按产品类型返利，如 A 产品返利 6%，B 产品返利 2%。

④ 保价政策。

什么是保价？简单说，就是保证产品降价后零售商的利润空间不降。

· 什么样的产品适合采用保价政策呢？价格波动频繁的产品，如手机、快速消费品等。

案例　某经销商针对零售商的保价政策

为确保零售商的利益，减少因产品降价导致的进货损失，公司决定，针对零售商从降价之日（含降价日）之前 15 天的进货，对其实际进货产品给予全额价格保护。

补差数量：对零售商在 15 日内所有进货的产品进行补差。

补差方法：由公司确定补差的产品，零售商自由选择。

为什么要对零售商制定保价政策呢？

假设某传统渠道零售商在 8 月 10 日进了 A 产品 30 件，单价为 100 元 / 件，零售价为 130 元 / 件。今天是 8 月 15 日，刚刚过了 5 天，厂家通知 A 产品降价促销，A 产品的零售商进货价从原来的每件 100 元降到每件 70 元，零售价从每件 130 元降到每件 98 元。

这样，零售商刚刚按照每件 100 元的价格进的 30 件 A 产品就卖不出去，经销商就需要对零售商的库存进行补差。补多少呢？上面的案例有一个规定，就是降价当天往前推 15 天，这 15 天相当于零售商的一个进货周期。

所以，经销商需要对零售商的补差金额为 900 元，计算如下。

30 件 ×（原进货价 100 元 / 件 – 现促销期间进货价 70 元 / 件）=900 元

⑤ 满减 / 满加促销。

满减，指单笔进货达到一定金额就直接减掉一部分钱。如零售商一次性进货满 1 000 元可减 50 元。

满加，指单笔进货达到一定金额，再加一点钱就可以购买某产品。如零售商一次性进货满 1 000 元，加 10 元可获得价值 100 元产品一件。

满减相当于折扣，条件是要达到一定金额，刺激零售商至少进一定金额的货。满加相当于加一点点钱就可以得到价值更大的产品，让零售商有占便宜的感觉。

经销商要经常利用满加促销政策，把库存积压品销售出去；利用满减促销政策，刺激零售商进更多产品，以提升进货客单价。

⑥ 旅游奖励。

案例 七月庐山七日游

某经销商针对零售商制定的旅游奖励政策如下。

获奖条件：7 月打款进货超过 10 万元的前 20 位零售商。

奖励方法：获奖者可携带一名成年人共同游览庐山一周。

旅游奖励，就是针对达到某一销售目标的零售商，给予一个尽情享受、难以忘怀的旅游假期作为奖励。旅游奖励并非一般的员工旅游，而是由经销商提供一定的经费，委托专业旅游服务提供者精心设计的“非比寻常”的旅游活动。用旅游这一形式对零售商进行奖励，可以进一步激发零售商的积极性，提高零售商的忠诚度。

作者梅明平对经销商说

混合包装箱，目的是增加进货品类。由经销商将产品进行拆分，组合成多品种的包装箱，使传统渠道的零售商花很少的钱就能一次性购进更多品类的产品。有的经销商问，既然混合包装箱这么好，为什么厂家不做呢？因为厂家采用流水线生产，在流水线上，一个包装箱包装同类产品时效率最高，所以，经销商不要指望厂家推出混合包装箱的产品，得自己动手。

进货套餐，目的是提高进货客单价和平均毛利率。经销商将不同产品组合在一起，分为大、中、小套餐，以满足规模大小不一的传统渠道的零售商进货需求。这样可以减轻零售商的进货工作量，调整经销商销售产品的平均毛利率和产品销售结构，减少库存积压。

返利，目的是绑定零售商。为激发零售商进货更多，经销商制定零售商月度、年度返利政策，可以提高零售商的忠诚度和销量。

保价政策，目的是给零售商安全感。保价也叫补差，是针对促销产品给予零售商库存差价的补偿，目的是让零售商在进货时有安全感，确保零售商的利益。

满减 / 满加促销，利用满减促销政策，提高零售商进货客单价；利用满加促销政策，及时消化掉库存积压品。

旅游奖励，目的是增进客户关系。旅游奖励是提高零售商积极性的一种奖励方式，旅游有利于增进经销商与零售商之间的情感，提高零售商的忠诚度。

经销商充分利用以上 6 种针对零售商的促销方式，相信可以轻轻松松地使传统渠道零售商的进货量提升至少 20%。

2. 针对消费者的促销

作者梅明平对经销商说

对于经销商来说，传统渠道的促销重点在于激发零售商多进货。而现代渠道的促销重点，在于激发消费者多购买。大多数情况下，经销商需要把现代渠道和传统渠道的产品区别开，因为两个渠道的费用不一样，毛利率不一样，定价不一样，促销力度也不一样。针对消费者的促销，不仅要考虑产品的毛利率，还要考虑竞争对手的促销力度，消费者期望的促销力度，促销的目的等。

针对消费者的促销，主要目的是激发现代渠道的消费者购买。

传统渠道进货，一般为现款现货，商品被零售商买走了，商品的所有权已经为零售商所有。零售商会努力将商品销售出去。因此，传统渠道的重点要放在刺激零售商如何多进货上。

但现代渠道就不一样了。超市只负责提供货架给你，货在货架上卖不卖得动、卖多少都是经销商自己的事。如果卖得不好，超市还会清退你的商品。

因此，放在货架上的货是“死货”，很难卖出去。必须通过各种各样的促销活动，才能实现商品在超市动销。那么，在超市里如何卖新品？如何卖临期品？如何卖利润高的商品？如何卖滞销品？

接下来学习 4 种提高消费者购买量的方法，即体验式促销、捆绑促销、买赠促销、满减 / 满加促销。

① 体验式促销。

在商品极大丰富的时代，仅靠外包装已经不能吸引消费者购买了，消费者还需要亲自体验一下，尤其是新品，吃的、喝的、用的，都要亲自体验，试试品质。

来看两张体验式促销的照片，如图 1-12、1-13 所示。

图 1-12　免费品尝饮料

图 1-13　免费品尝熟食

体验式促销，也叫体验式营销，是一种新的营销方式，已经被广泛采用。就像伯德·施密特博士在他的著作《体验式营销》中指出的那样，体验式营销是从消费者的感官、情感、思考、行动、关联5个方面出发，重新定义、设计营销的思考方式。这种思考方式突破传统的“理性消费者”的假设，认为消费者在消费时是理性与感性兼具的，消费者在消费前、消费时、消费后的体验，才是研究消费者行为与企业经营的关键。

体验方式多种多样。

如果你是卖休闲食品的，要让顾客试吃，让其感受一下食品的色、香、味。

如果你是卖酒水饮料的，要让顾客试喝，让其体验一下酒的醇度和口感。

如果你是卖小车的，要让顾客自己亲自试驾，让其感觉一下驾驶的乐趣。

如果你是卖房子的，要引导顾客到样板房参观，让他看一看、摸一摸。

如果你是卖手机的，要展示手机样品，让顾客用一用。

如果你是卖香水的，就要在顾客身上喷一点，让顾客闻一闻。

……

经销商如果有新产品需要推广，就必须采用体验式促销的方式吸引顾客。如果需要打击竞争对手，将竞争对手的客户引向自己的品牌，也需要采用体验式营销，让竞争对手的客户感觉到你的产品比竞争对手的更好、更便宜。

② 捆绑促销。

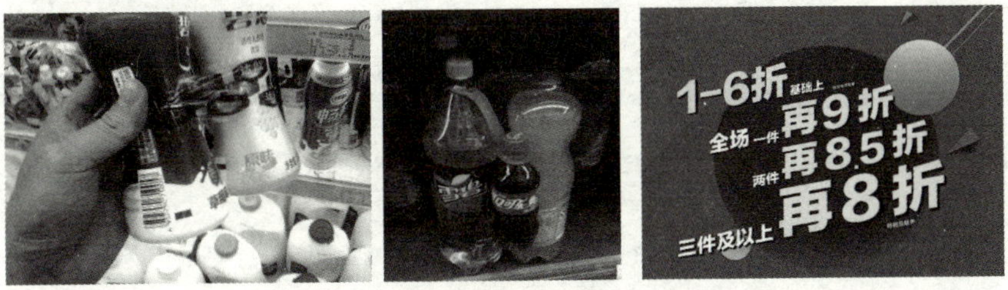

捆绑促销案例

捆绑促销，是将两种产品捆绑在一起进行销售和定价的方式。捆绑促销有以下 3 种形式。

捆绑形式 1，优惠购买。即消费者购买甲产品时，可以用比市场上优惠的价格购买到乙产品。例如，消费者购买 1 瓶可口可乐，可以以半价购买雪碧 1 听。

捆绑形式 2，统一价出售。即产品甲和产品乙不单独标价，按照捆绑后的统一价出售。例如，消费者不能单独购买 24 听装 330mL 可口可乐，也不能单独购买 24 听装 300mL 的雪碧，促销期间需要同时购买，优惠价 83.9 元，相当于比正常价优惠了 10 元。

捆绑形式 3，统一包装出售。即产品甲和产品乙放在同一包装里出售。

不是所有的产品都能随意地“捆绑”在一起。捆绑促销要达到“ 1+l>2”的效果，取决于两种商品的协调和相互促进的程度。因此，捆绑促销的成功依赖于以下两个条件。

条件 1，捆绑的产品之间要互补。如牙刷与牙膏、食用油与油壶、休闲食品与饼干盒、白酒与酒杯、茶叶与茶杯，这些产品之间具有互补性。

条件 2，捆绑产品的目标顾客要一致。例如，将奢侈品与奢侈品捆绑在一起，其目标顾客都是高消费力人群；将不同种类、不同用途的厨房用品捆绑在一起，其目标顾客都是家庭主妇。

经销商必须经常采用捆绑促销的方式，利用畅销品将高利润产品、滞销品、新产品捆绑销售出去。

③ 买赠促销。

买一赠一油满仓促销海报

买赠促销，顾名思义，就是买商品送赠品。赠品有以下几种形式。

赠商品。例如，买 A 商品送 A 商品，或送 B 商品。

赠优惠券。例如，买 A 商品送 20 元优惠券。

赠电影票。例如，买 A 商品送电影票一张。

买赠促销成功的关键，就是要让购买者有占便宜的感觉。

经销商必须经常采用买赠的方式，将临期品、滞销品赠送出去，及时清理库存积压品。买赠促销有很多好处，一方面，通过赠品拉动了正常产品的销售；另一方面，总比让产品报废要好，毕竟让利给了消费者。

④ 满减 / 满加促销。

满减 / 满加促销既可以刺激零售商多进货，也可以刺激消费者多购买，二者的主要区别在于零售商的进货金额大一些，消费者的购买金额小一些。

满减就是消费者单笔购买达到一定金额后，直接减掉部分金额。如单笔满 100 元减 10 元、单笔满 200 元减 30 元，相当于给消费者的折扣，但要求消费者购买一定金额后才能享受。

满加就是消费者单笔购买达到一定金额后，加少量的钱送更大价值的商品。如单笔满 100 元、加 1 元送价值 5 元的红牛饮料一听。

作者梅明平对经销商说

体验式促销，目的有两个：一个是推销新品；另一个是把竞争对手的客户引向自己的品牌。所以，经销商要经常做体验式促销，即使没有新品，也要通过体验式促销让竞争对手的忠实客户体验产品，通过体验让竞争对手的客户感觉到产品比竞争对手的更好或者更便宜，从而削弱竞争对手的竞争力。

捆绑促销，目的是让好卖的产品带动不好卖的产品销售。经销商要经常把产品组合起来销售，不要让零售商单点。通过产品组合，提高产品综合毛利率，调整产品销售结构，减少库存积压品。

买赠促销，目的是把临期品快速消化掉，或者用吸引人的赠品带动不好卖的产品销售。经销商要通过买赠促销活动快速销售新品和库存积压品。例如，卖新产品送知名度高的促销品。假如王老吉推出了一款类似红牛的功能饮料A，消费者不会轻易购买A产品，因为存在风险。如果推出这样的促销计划：买王老吉新产品功能饮料A一听，送王老吉老款饮料一听，相信购买的人数就会迅速增加，因为即使A产品不好，也不会有损失，因为得到了一听王老吉老款产品。千万不要买王老吉老款产品送新产品A。为什么呢？因为降低了新产品A的品牌价值，让新产品在消费者心中一文不值，不利于新产品以后的销售。

满减/满加促销。为了提高消费者客单价，要采用满减促销；为了消化掉库存积压产品，则用满加促销。

亲爱的经销商朋友，如果你采用以上4种针对消费者的促销方式，相信你会轻轻松松地将销量提升至少20%。要不，马上行动？

经销商赚钱工具箱

在实现促销常态化时，经销商要掌握以下12个要点。

1. 针对零售商进行促销的六大方法。
2. 针对消费者进行促销的四大方法。
3. 混合包装箱促销的目的。
4. 零售商进货套餐促销的目的。
5. 零售商返利的目的。
6. 零售商满减/满加促销的目的。

7. 零售商旅游奖励的目的。

8. 零售商报价政策的目的。

9. 消费者体验式促销的两大目的。

10. 消费者捆绑促销的三种形式。

11. 消费者买赠促销的两大目的。

12. 消费者满减/满加促销的目的。

经销商赚钱行动计划

在实现促销常态化时，经销商要立即开展以下3项工作。

1. 制定传统渠道零售商年度促销政策：

（1）制订混合包装箱计划；

（2）编制年度返利合同；

（3）制定保价政策；

（4）制订年度旅游奖励计划。

2. 制定传统渠道零售商月度促销政策：

（1）1—12月每月进货套餐计划；

（2）1—12月每月满减/满加促销计划。

3. 制定现代渠道消费者月度促销政策：

（1）体验式促销政策；

（2）1—12月捆绑促销计划；

（3）1—12月买赠促销计划；

（4）1—12月满减/满加促销计划。

第二章　毛利率

经销商痛点

1　没有设定综合毛利率目标，导致毛利率越来越低。

2　哪个产品好卖就卖哪个产品，结果发现没有利润。

3　哪个渠道要货就卖给哪个渠道，不考虑渠道毛利率。

4　没有产品组合和渠道组合概念，有利无利货都卖。

5　业务员一味找老板要促销政策，毫不关心毛利率。

6　不懂得提高辅销产品价格会提高毛利率，利润少。

7　不理解畅销产品价格降 1%，利润会减少 25%。

8　无法控制渠道销售结构，导致长期低毛利率。

9　不研究厂家返利政策，白花花银子从指缝中漏过。

10　不知道厂家有个性化促销政策，一年损失几十万元。

作者梅明平对经销商说

经销商的毛利率越来越低，这是现实情况。如果经销商无法制止毛利率持续下降的趋势，在不久的将来，一定会被市场淘汰。在现有大多数经销商对销售人员采用销售提成制度的情况下，毛利率持续下降局面将愈演愈烈。为什么呢？因为在销售提成制的薪酬制度下，毛利率高低与业务员的收入没有关系。业务员的薪酬只与销售额高低有关系，而低价格会刺激销量的提升。于是，业务员为了刺激销量的提升，不断找经销商老板要销售政策，以便降低销售价格。长此以往，将形成恶性循环，经销商迟早会关门大吉。

了解毛利率，并控制毛利率，是经销商实现自我救赎、实现盈利的唯一方法。

案例 某食品经销商的毛利率目标

一、未来五年的毛利率、费用率与净利率目标

各目标数据见表 2-1。

表 2-1 2021—2025 年毛利率和净利率目标

时间	毛利率目标	费用率目标	净利率目标
2021 年	10.0%	7.7%	2.3%
2022 年	11.1%	8.6%	2.5%
2023 年	12.1%	9.1%	3.0%
2024 年	13.1%	9.6%	3.5%
2025 年	13.5%	9.7%	3.8%

二、2021 年各渠道毛利率、费用率与净利率目标

各目标数据见表 2-2。

表 2-2　年度费用投入与净利润目标规划

部门	毛利率	费用率	净利率
现代渠道	11.1%	9.1%	2.0%
传统渠道	9.8%	6.6%	3.2%
大客户渠道	10.1%	4.6%	5.5%
公司合计	10.0%	7.7%	2.3%

以上毛利率目标，你有制定吗？

没有毛利率目标，就不可能控制销售人员不断跟你要促销政策；

没有毛利率目标，就不可能控制产品销售结构；

没有毛利率目标，就不可能设定产品销售最低限价；

没有毛利率目标，就不可能卖更多的高利润产品；

没有毛利率目标，产品销售价格就没有底线；

没有毛利率目标，就不可能达到毛利率目标。

先看看关于毛利率的计算公式。

毛利率 = 毛利润 ÷ 销售额 ×100%

毛利润 = 销售额 × 毛利率

在这一章，只讨论毛利率，不讨论净利率。净利率除了与毛利润率有关，还与经营费用有关，关于经营费用的内容将在后面章节详细讨论。

案例 经销商张总和毛总的毛利率

经销商张总和毛总，一年的销售额都是 3 000 万元，张总的毛利率为 9%，毛总的毛利率是 15%，则：

张总的毛利润 = 3 000 万元 × 9% = 270 万元

毛总的毛利润 = 3 000 万元 × 15% = 450 万元。

张总和毛总的销售额同样是 3 000 万元，销售工作量是一样的，但是由于经营管理水平不一样，毛利率就不一样。毛总的毛利润比张总多 180 万元。

很多情况下，经销商只想到通过提高销量来提高利润，没有想到通过提高毛利率来提高利润。还有一些做名牌快消品的经销商，一年忙到头，销售额有 5 000 万元，但净利润甚至是负数。

毛利率分为单品毛利率与综合毛利率，下面分别进行介绍。

一、单品毛利率

1. 与产品畅销程度的关系

单品毛利率，就是某一种产品的毛利率，与单品的畅销程度有关。一般来说，越好卖的产品如畅销品，毛利率就越低。越不好卖的产品，毛利率就越高。例如，畅销品的毛利率为 10%，新产品为 25%，辅销产品（非畅销品）为 18%，见表 2-3。

表 2-3　单品毛利率与产品畅销程度有关

产品类型	畅销产品	新产品	辅销产品
毛利率	10%	25%	18%

2. 与销售渠道的特性的关系

单品的毛利率，还与销售渠道的特性有关，一般情况下，现代渠道的毛利率比传统渠道要高。例如，同样的产品，在现代渠道的毛利率为 15%，而在传统渠道的毛利率可能只有 11%，在特通渠道的毛利率为 13%，见表 2-4。为什么呢？因为不同渠道的费用投入不一样。现代渠道要投入很多费用，如进场费、陈列费、店内杂费、促销员工资、促销活动费，所以零售价格也会相应高一些。而传统渠道不需要这些费用，零售价格相应低一些。

表 2-4　同一产品在不同销售渠道的毛利率

同一产品	现代渠道	传统渠道	特通渠道
毛利率	15%	9%	13%

从单品来看，要提高毛利润，必须提升毛利率高的产品的销量、销售渠道的销量。

二、综合毛利率

综合毛利率，就是销售的所有产品的平均毛利率，是反映经销商经营效率的一个重要指标。经销商的核心工作之一，就是提高产品的综合毛利率。计算公式如下。

综合毛利率 = 毛利总额 ÷ 销售收入 ×100%

1. 与产品销售结构的关系

假设经销商在同一销售渠道只卖两种产品 A 和 B，A 是畅销品，毛利率比较低，为 9%；B 是辅销产品，毛利率比较高，为 22%。

假设 A、B 两个产品的销售额之和是 1 000 万元，来看看在不同销售结构情况下的综合毛利率的变化。

第一种产品的销售结构为 9∶1 结构。A 销售 900 万元，B 销售 100 万元，合计 1 000 万元。

第二种产品的销售结构为 3∶2 结构。A 销售 600 万元，B 销售 400 万元，合计 1 000 万元。

接下来计算两种不同销售结构下的综合毛利率，见表 2-5。

表 2-5　两种销售结构下的综合毛利率

单位：万元

销售结构	销量			利润			综合毛利率
	A	B	合计	A：9%	B：22%	合计	
9∶1	900	100	1 000	81	22	103	10.3%
3∶2	600	400	1 000	54	88	142	14.2%
增减情况	−300	300	0	−27	66	39	3.9%

从上表可以看出，在 A∶B = 9∶1 的销售结构情况下，综合毛利率为 10.3%；在 A∶B = 3∶2 的销售结构情况下，综合毛利率为 14.2%。

通过捆绑、套餐促销，将产品销售结构从 9 : 1 调整到 3 : 2，毛利率从 10.3% 提高到 14.2%，综合毛利率提高了 3.9%，比原来的综合毛利率 10.3% 增加了 37.9%（3.9% ÷ 10.3%）。

结论：提高毛利率高的产品的销售占比，会提高综合毛利率。所以，经销商提高综合毛利率的主要任务之一，就是提高毛利率高的产品的销售占比。

2. 与销售渠道的关系

假设经销商经营 A、B 两种产品，他们在现代渠道和传统渠道的毛利率见表 2-6。

表 2-6　A、B 两种产品在现代渠道与传统渠道下毛利率

渠道类型	A	B
传统渠道	9%	22%
现代渠道	15%	30%

在 A 与 B 销售结构为 9 : 1 的情况下，看看在不同渠道销售结构下综合毛利率的变化。

首先，看看现代渠道 : 传统渠道 =1 : 2 的情况下的销量，见表 2-7。

表 2-7　现代渠道与传统渠道销售占比为 1 : 2 时的销售额

单位：万元

渠道类型	A	B	合计
现代渠道	900	100	1 000
传统渠道	1 800	200	2 000

再来计算这种情况下的综合毛利率，见表 2-8。

表 2-8 两种销售结构情况下的综合毛利率

单位：万元

渠道结构	销量			利润			综合毛利率
	A	B	合计	A	B	合计	
现代渠道	900	100	1 000	135	30	165	16.5%
传统渠道	1 800	200	2 000	162	44	206	10.3%
合计	2 700	300	3 000	297	74	371	12.4%

通过计算了解到，现代渠道：传统渠道 =1：2，那么，综合毛利率为 12.4%。

如果反过来呢？现代渠道：传统渠道 = 2：1 时，综合毛利率是多少呢？见表 2-9。

表 2-9 两种销售结构情况下的综合毛利率

单位：万元

渠道结构	销量			利润			综合毛利率
	A	B	合计	A	B	合计	
现代渠道	1 800	200	2 000	270	60	330	16.5%
传统渠道	900	100	1 000	81	22	103	10.3%
合计	2 700	300	3 000	351	82	433	14.4%

在现代渠道：传统渠道 = 2：1 的情况下，综合毛利率由 12.4% 提升到了 14.4%。

由此可以看出，产品在不同渠道的销售结构发生变化，综合毛利率也会发生变化。

通过以上分析，提高综合毛利率有以下两条途径。

途径 1，提高高毛利率产品的销售占比。

途径 2，提高高毛利率渠道的销售占比。

三、提高综合毛利率的七种方法

作者梅明平对经销商说

提高综合毛利率是经销商老板的一项硬功夫。当你关注到综合毛利率时，说明你的经营管理已经达到了一定水平。提高综合毛利率，必须依靠“人海战术”，发动公司所有员工的力量，单靠经销商老板一个人是无法提高综合毛利率的。提高综合毛利率的关键是发动业务员的力量。

如何提高综合毛利率呢？这里为大家介绍几个简单的、行之有效的、立竿见影的方法。

1. 业务员奖金制度改为利润分红制

提高综合毛利率，最重要的钥匙掌握在业务员身上。因为所有的产品都是从业务员手中销售出去的，卖什么产品、每个产品卖什么价格，都由业务员控制。那么，在什么情况下，业务员才能主动提高综合毛利率呢？这就需要调整业务员的薪酬制度，将销售提成制改为利润分红制。

以前，绝大部分经销商给业务员计算奖金时采用的是销售提成制，其工资结构为：

业务员工资 = 基本工资 + 销售提成

= 基本工资 + 销售额 × 提成比例

在这种情况下，业务员追求的是销售额的高低，而不会关心综合毛利率。业务员为了让零售商多进货，往往会向经销商老板申请促销政策，这会进一步导致综合毛利率越来越低。

因此，要发动业务员的力量来提高综合毛利率，唯一的办法就是改变业务员奖金的计算方法，从原来的销售提成制改为利润分红制，其工资结构为：

业务员工资 = 基本工资 + 利润分红

= 基本工资 + 利润 × 分红比例

这里所说的利润，不是指整个公司创造的利润，而是指这个业务员创造的利润。这个业务员创造的利润，不是指纯利润，是指仅仅减掉这个业务员自己能够控制的费用后的毛利润，公司的配送费、仓储费、税金、管理人员工资等其他费用都没有减掉。关于业务员按利润分红制计算的薪酬制度，在销售费用章节中会详细介绍。

一旦经销商采用利润分红制为业务员结算工资和奖金，你会突然发现，一向大手大脚的业务员居然比经销商老板还“吝啬”。以前，经销商老板要做促销活动，业务员最欢迎。但现在，一听说经销商老板要做促销活动，居然马上制止。如果经销商老板说，现在面临竞争，担心零售商不进货，你猜业务员会怎么说？我保证业务员会拍着胸脯说：老板，你放心，我自己能搞定！

由此可见，员工行为是制度的产物！员工的行为由制度决定！

2. 提升产品的价格

① 提升辅销产品的价格。

提升辅销产品的价格，是指稍微提升销量小、毛利率高的产品的价格，即使销量增加很少，利润也会有大幅增加。

那么，为什么可以稍微提升销量小、毛利率高的产品的价格呢？因为消费者对这些产品的价格不敏感。

接下来看一个案例，在总销量不变的情况下，综合毛利率从9.28%提升到12.11%，提升幅度为2.83个百分点，相当于把综合毛利率提升了30.5%，你说效果显不显著？下面详细了解一下这个案例。

案例 提升辅销产品单价导致综合毛利率大幅提升

第一步，提升辅销产品的销售价。

确定A、B和C产品为辅销产品，消费者对其价格稍微提升不敏感，现决定对A、B和C产品稍微提升价格，A、B提升5%，C提升1.4%，见表2-10。

表 2-10 辅销产品价格调整前后比较

项目	A	B	C
调整前价格	500 元 / 件	400 元 / 件	350 元 / 件
调整后价格	525 元 / 件	420 元 / 件	355 元 / 件
调整金额	25 元 / 件	20 元 / 件	5 元 / 件
调整百分比	5%	5%	1.4%

第二步，计算提价前后综合毛利率的变化。

假设 A、B 和 C 产品的销售量在调价前后不发生变化，A 的销量为 100 件、B 的销量为 50 件、C 的销量为 200 件。下面计算一下调价前后的综合毛利率，见表 2-11。

表 2-11 辅销产品价格调整前后的综合毛利率比较

项目	产品	销售价格（元）	成本价格（元）	毛利率	单位平均毛利	销售量（件）	销售收入（元）	毛利润（元）
调整前	A	500	450	10.0%	50	100	50 000	5 000
	B	400	352	12.0%	48	50	20 000	2 400
	C	350	322	8.0%	28	200	70 000	5 600
	综合毛利率 =13 000 ÷ 140 000=9.28%						140 000	13 000
调整后	A	525	450	14.3%	75	100	52 500	7 500
	B	420	352	16.2%	68	50	21 000	3 400
	C	355	322	9.3%	33	200	71 000	6 600
	综合毛利率 =17 500 ÷ 144 500=12.11%						144 500	17 500
结论	在 A、B 和 C 产品销量不变的情况下，只要稍微提高产品 A、B 和 C 的价格，虽然这些产品的销售收入只增加了 3.21%（144 500 ÷ 140 000=103.21%），但综合毛利率增加了 30.5%（12.11% ÷ 9.28%=130.5%）							

这里要说明一下，上例中的综合毛利率增加了 30.5%，仅仅指辅销产品的综合毛利率提高了 30.5%，不要理解为是所有产品的综

合毛利率提高了 30.5%，所有产品的综合毛利率还要考虑正常产品的毛利率情况。如果将畅销品的毛利率考虑在内，综合毛利率的增长一般不会有那么高。

② 提升畅销产品的价格。

消费者对畅销产品的价格很敏感，一般情况下不要对畅销产品提价，但也千万不要对畅销产品进行降价销售。下面通过一个案例分析对畅销产品的价格调整 ±1% 后，对利润的影响。

案例　将畅销产品的价格调整 ±1%，对利润影响有多大？

假设某经销商销售某产品，零售价为每箱 200 元，成本为每箱 178 元，费用为每箱 14 元，利润为每箱 8 元（200−178−14）。该经销商把该产品卖给了 150 个客户，每个客户平均进货 20 箱，一共卖了 3 000 箱，该经销商总共赚了 24 000 元。

接下来对该批产品的销售价格调整 ±1%，计算所获得的利润与调整前的利润有什么差别，相关数据见表 2-12。

表 2-12　提价与降价对利润的影响

价格变化方案	价格变化	客户数（家）	平均销量（箱）	总销量（箱）	销售单价（元 / 箱）	销售总金额（元）	总成本（178 元 / 箱）	总费用（14 元 / 箱）	总利润（元）	利润增减（元）	利润增减百分比
A	原价	150	20	3 000	200	600 000	534 000	42 000	24 000	0	0
B	单价 +1%	150	20	3 000	202	606 000	534 000	42 000	30 000	6 000	25%
C	单价 −1%	150	20	3 000	198	594 000	534 000	42 000	18 000	−6 000	−25%

从表 2-12 可以看出：

方案 A：保持原价每箱 200 元不变，销售 3 000 箱共获得利润 24 000 元，每箱净赚 8 元；

方案 B：价格上调 1%，每箱售价 202 元，3 000 箱共获得利润 30 000 元，每箱净赚 10 元，比方案 A 每箱多赚 2 元，总利润增加了 6 000 元，增加比例为 25%（6 000 ÷ 24 000）。

方案 C：价格下调 1%，售价为每箱 198 元，3 000 箱共获得利润 18 000 元，每箱净赚 6 元，比方案 A 每箱少赚 2 元，总利润减少了 6 000 元，减少比例为 25%（亏 6 000 ÷ 24 000）。

通过以上分析可知，经销商对毛利率低的畅销品千万不要轻易做降价或打折处理。同时，经销商在销售产品的过程中，要对畅销产品确定最低限价，以确保达到综合毛利率的目标。

如果能够对畅销产品的价格提高 1% 而不影响销售，建议经销商可以大胆尝试，毕竟，畅销产品提高利润的速度要比辅销产品快得多。

3. 提升对利润贡献大的单品销量

经销商经营的品类有很多种，每个品类的毛利率不一样，销量也不一样。经销商最重要的任务是找出利润贡献大的单品，可以把这些单品称为“黄金单品”，并将这些单品告诉业务员，要求业务员继续提升这些单品的销量，实现利润和综合毛利率的双增长。

下面看看某经销商的黄金单品利润贡献排行榜。

案例 某经销商的黄金单品利润贡献排行榜

某经销商的黄金单品利润贡献排行榜见表 2-13。

表 2-13 黄金单品利润贡献排行榜

排名	产品名称	每件利润	件数	利润额	销量占比	利润占比
1	A	24	57 590	1 382 160	15.1%	16.0%
2	B	22	38 912	856 064	10.2%	9.9%
3	C	3	31 429	94 287	8.2%	1.2%
4	D	25	25 413	635 325	6.7%	7.3%
5	E	15	19 635	294 525	5.2%	3.5%
6	F	21	14 412	302 652	3.8%	3.5%
7	G	46	12 064	554 944	3.2%	6.5%
8	H	31	10 345	320 695	2.7%	3.7%
9	I	15	10 598	158 970	2.8%	1.9%
10	J	65	6 192	402 480	1.6%	4.7%
11	K	16	6 165	98 640	1.6%	1.1%
12	L	34	5 617	190 978	1.5%	2.2%
13	M	39	4 923	191 997	1.3%	2.3%
14	N	42	8 656	363 552	2.3%	4.3%
15	O	34	4 423	150 382	1.2%	1.7%
16	P	22	4 366	96 052	1.1%	1.1%
17	Q	34	3 955	134 470	1.0%	1.6%
18	R	31	3 618	112 158	1.0%	1.3%
19	S	27	3 875	104 625	1.0%	1.2%
20	T	43	2 185	93 955	0.6%	1.1%
21	U	189	603	113 967	0.2%	1.3%
合计		24.2	274 976	6 652 878	72.1%	77.3%

该经销商共经营 168 个单品，当年获得总利润 861 万元。从上表可以看出，其中前 21 个单品创造了超过 665 万元的利润，占总利

润的 77.3%。也就是说，仅仅占 12.5% 的单品创造了 77.3% 的利润，这 12.5% 的单品就被该经销商称为黄金单品。其中，A、B、D 和 G 这 4 个单品，创造了 39.7% 的利润。

因此，该经销商紧紧抓住这 21 个单品，通过加强考核、销售竞赛、培训等活动，不断提升这 21 个黄金单品的销量，达到提高综合毛利率的目的。

4. 提升对毛利贡献大的单店销量

经销商与几百家甚至几千家店铺合作，这些店铺既包括传统渠道的店铺，也包括现代渠道的店铺，每家店铺的盈利情况不一样。经销商要制定每月、每年的店铺创利排行榜，把创利最高的店铺找出来，可以把这些店铺称为“黄金店铺”，并在人力、物力、财力上大力扶持，安排最优秀的业务员提供支持和服务，将资源倾斜到这些黄金店铺，以进一步增加利润，提高综合毛利率。

下面看看某经销商餐饮渠道创利排行榜。

案例 某经销商的餐饮渠道创利排行榜

某经销商的餐饮渠道客户创利排行榜见表 2-14。

表 2-14 餐饮渠道客户创利排行榜

客户	销售收入	销售成本	销售创利	费用	净利润	净利排名	创利占比	创利累计
A	778 346	725 264	53 082	500	52 582	1	40%	40%
B	204 976	186 541	18 435	0	18 435	2	14%	54%
C	399 857	381 464	18 393	0	18 393	3	14%	67%

续表

客户	销售收入	销售成本	销售创利	费用	净利润	净利排名	创利占比	创利累计
D	124 680	110 008	14 672	0	14 672	4	11%	79%
E	534 218	524 013	10 205	7	10 198	5	8%	86%
F	478 421	470 471	7 950	24	7 926	6	6%	92%
G	240 786	235 331	5 455	7	5 448	7	4%	96%
H	64 174	59 329	4 845	5	4 840	8	4%	100%
合计	2 825 458	2 692 421	133 037	543	132 494	—	100%	—

从表 2-14 可以看出，该经销商餐饮渠道的 A 餐馆，创造了 40% 的利润，A、B、C 和 D 累计创造了 79% 的利润，属于黄金店铺，该经销商安排精兵强将，对这 4 个黄金店铺进行大力支持。

上面介绍了通过每月、每年的创利排行榜找出黄金店铺，并进行大力支持，以提高综合毛利率和利润。有兴趣的话还可以通过创利排行榜找出黄金渠道、黄金业务员、黄金品类。

5. 同时调整产品结构与渠道结构

下面看一个更复杂的案例。该经销商在调整渠道结构前，综合毛利率只有 4.4%，通过调整产品结构与渠道结构，综合毛利率一下提升到了 11.5%，提高了 2.5 倍。

在调整前，该经销商的相关数据见表 2-15。

由表 2-15 可知，该经销商在进行调整之前的综合毛利率为 4.4%，去掉费用后，该经销商处于亏损状态。接下来，为了生存，经销商对产品结构和渠道结构进行了大幅度的调整，相关数据见表 2-16。

表 2-15　调整前综合毛利率统计表

单位：万元

产品名称	年销量	合计		批发		KA[①]		中小超市		粮杂店		团购		分销商	
		品类占比	综合毛利率	销量占比	毛利率	销量占比	毛利率	销量占比	毛利率	销量占比	毛利率	销量占比	毛利率	销量占比	毛利率
食调油（合计）	493	70%	4.7%	20.0%	5.1%	25.0%	5.1%	30.0%	5.1%	10.0%	5.1%	5.0%	5.1%	10.0%	1.9%
大豆色拉油	115	16%	2.7%	8.0%	3.1%	70.0%	2.7%	20.0%	2.7%	—	—	—	—	2.0%	1.4%
花生调和油	85	12%	3.7%	10.0%	5.9%	60.0%	3.5%	20.0%	3.5%	2.0%	3.5%	3.0%	3.5%	5.0%	1.8%
五合一调和油	12	2%	9.8%	—	—	90.0%	9.8%	10.0%	9.8%	—	—	—	—	—	—
合计	705	100%	31	116	6	266	11	189	9	51	3	27	1	56	1
比率	—	—	4.4%	16.5%	5.0%	37.7%	4.3%	26.8%	4.7%	7.2%	5.0%	3.9%	4.9%	7.9%	1.9%

① 全称为 Key Account，直译为“关键客户”，中文意为“重点客户”。对于供应方来说，KA 卖场就是营业面积客流量和发展潜力等方面均有很大优势的直接销售终端平台，一般指超市。

表 2-16　调整后综合毛利率统计表

单位：万元

产品名称	年销量	合计		批发		KA		中小超市		粮杂店		团购		分销商	
		品类占比	综合毛利率	销量占比	毛利率	销量占比	毛利率	销量占比	毛利率	销量占比	毛利率	销量占比	毛利率	销量占比	毛利率
食用调和油	531	52.2%	13.3%			20.0%	14.4%			70.0%	14.4%	5.0%	2.9%	5.0%	2.9%
食调 4.5L	149	14.7%	2.0%			80.0%	1.6%			20.0%	3.7%				
大豆油	138	13.6%	8.6%			65.0%	9.7%			20.0%	9.7%	7.5%	1.6%	7.5%	3.3%
食调 1.8L	124	12.2%	19.9%			5.0%	24.6%			95.0%	19.7%				
花生调和油	44	4.4%	6.8%			90.0%	6.8%			10.0%	6.8%				
菜籽油	20	1.9%	9.2%			65.0%	9.2%			35.0%	9.2%				
五合一营调	7	0.7%	20.0%			100.0%	20.0%								
菜籽调和油	4	0.4%	2.8%			100.0%	2.8%								
合计	1 016	100.0%	116			384	33			558	81	37	1	37	1
比率	—	—	11.5%			37.8%	8.6%			55.0%	14.6%	3.6%	2.5%	3.6%	3.0%

由表 2-16 可知，该经销商在进行调整之后，综合毛利率提升到了 11.5%。

下面分析一下该经销商做了哪些调整。

首先，看看销售渠道的调整情况，见表 2-17。

表 2-17 销售渠道调整前后销售数据比较

调整状态	批发	KA	中小超市	粮杂店	团购	分销商	合计
调整前	16.5%	37.7%	26.8%	7.2%	3.9%	7.9%	100%
调整后	0	37.8%	0	55.0%	3.6%	3.6%	100%
比较	砍掉	维持	砍掉	大力发展	维持	维持	—

该经销商砍掉了两个渠道，一个是批发渠道，另一个是中小超市渠道。同时，大力发展粮杂店渠道，将粮杂店渠道的销售额占比从 7.2% 提升到 55%，增加了 47.8%。

再来看看渠道毛利率的情况，见表 2-18。

表 2-18 销售渠道调整前后综合毛利率比较

调整状态	批发	KA	中小超市	粮杂店	团购	分销商	综合
调整前	5.0%	4.3%	4.7%	5.0%	4.9%	1.9%	4.4%
调整后	—	8.6%	—	14.6%	2.5%	3.0%	11.5%
比较	—	+4.3%	—	9.6%	−2.4%	+1.1%	+7.1%

KA 的渠道毛利率从 4.3% 提升到了 8.6%，增加了 4.3%，粮杂店的毛利率从 5.0% 提升到了 14.6%，增加了 9.6%，从而使该经销商的综合毛利率从 4.4% 提升到了 11.5%。

接下来，看看产品结构的调整情况，见表 2-19。

表 2-19　调整前后产品结构变化

调整前产品结构				调整后产品结构			
编号	产品名称	销量占比	综合毛利率	编号	产品名称	销量占比	综合毛利率
1	食调油（合计）	70%	4.7%	1	食用调和油	52.2%	13.3%
2	大豆色拉油	16%	2.7%	2	食调 4.5L	14.7%	2.0%
3	花生调和油	12%	3.7%	3	大豆油	13.6%	8.6%
4	五合一调和油	2%	9.8%	4	食调 1.8L	12.2%	19.9%
				5	花生调和油	4.4%	6.8%
				6	菜籽油	1.9%	9.2%
				7	五合一营调	0.7%	20.0%
				8	菜籽调和油	0.4%	2.8%
合计		100%	4.4%	合计		100%	11.5%

调整前，销量占 70% 的食调油（合计）综合毛利率只有 4.7%，而毛利率占 9.8% 的五合一调和油销量占比才 2%。调整后，销量占比最大的食用调和油的毛利率提升到了 13.3%，同时，也引进了毛利率达到 19.9% 的食调 1.8L，并迅速将其销量占比提升到了 12.2%。这样一来，综合毛利率就从 4.4% 提升到了 11.5%，实现了利润倍增的目标。

6. 获得厂家的返利

厂家返利，是指厂家根据经销商的销售情况给予的折扣奖励。经销商要好好研究厂家返利政策，以便获得厂家的最大返利，提高综合毛利率。厂家返利有以下几种形式。

根据返利的周期，可分为月返利、季返利和年返利。

根据返利的依据，可分为销量返利、完成任务返利、单品返利、新品返利、专销返利、无窜货返利等。

厂家的返利政策一般写在与经销商签订的经销合同里，或者是合同附件里，有些临时性返利政策由厂家业务员及时通知经销商。

下面，根据厂家的月度返利计划来分析一下经销商应该怎么做。

某厂家对经销商的月度返利政策

- 月度销售额低于 3 万元，无返利；
- 月度销售额为 3 万 ~7 万元含 3 万元，返利 3%；
- 月度销售额为 7 万 ~12 万元含 7 万元，返利 5%；
- 月度销售额等于或超过 12 万元，返利 7%。

了解到厂家的返利政策后，经销商就要确定进货额的几个重要节点。根据以上返利政策，了解到有 3 个重要的进货额节点，即 3 万元、7 万元和 12 万元。

如果某经销商每次进货都在进货额节点以下，来看看该经销商获得的返利是多少，见表 2-20。

表 2-20 经销商在节点以下进货的返利分析表

时间	1 月	2 月	3 月	合计
进货金额	29 800 元	69 800 元	119 800 元	219 400 元
返利比率	0	3%	5%	/
返利金额	0	2 094 元	5 990 元	8 084 元

从表 2-20 可以看出，经销商在 1—3 月进货额都在 3 个节点以下，

1—3 月累计获得的返利金额合计为 8 084 元。

为了获得更多的返利，把进货额调整到返利的 3 个重要节点上，按照 3 万、7 万和 12 万的额度进货，见表 2-21。

表 2-21　经销商在重要节点上进货的返利分析表

时间	1 月	2 月	3 月	合计
进货金额	30 000	70 000	120 000	220 000
返利比率	3%	5%	7%	—
返利金额	900	3 500	8 400	12 800

从表 2-21 可以看出，经销商在 1—3 月进货额都在 3 个节点以上，1—3 月累计获得的返利金额合计为 12 800 元。

下面，比较一下这两次进货所获返利的情况，见表 2-22。

表 2-22　在不同节点进货的两种方式获得的返利比较

项目	1—3 月累计进货	1—3 月返利金额	平均返利比率
在返利节点以下进货	219 400 元	8 084 元	3.7%
在返利节点以上进货	220 000 元	12 800 元	5.8%
增量	600 元	4 716 元	2.1%
增加比例	0.3%	58%	57%

从表 2-22 可以看出，两种不同的进货方式，获利差别很大。

因此，经销商须研究厂家的返利政策，制订获得最大返利的合理的进货计划，以免造成不必要的损失。

7. 向厂家申请个性化促销

经销商一定要了解，厂家有两种促销政策，一定要好好利用，否则你就损失大了。一种是全国性统一促销，是面向所有经销商的；

另一种是个性化促销，是针对个别经销商的特殊情况特批的。

如果遇到以下特殊情况，可以向厂家申请个性化促销，大部分厂家都是有个性化促销支持的。

- 特殊的日子：开业促销、周年庆促销。无论是传统的商贸公司，还是现代渠道，只要遇到开业、周年庆，都可以向厂家单独申请促销费用。
- 应对竞争对手：竞争对手在你的经销区域开展大力度促销活动，如果你不采取应对措施，就有可能大大降低你的市场占有率。例如，你的竞争对手在你的经销区域做促销活动，全线产品 9 折优惠，为期一个月。你就必须将竞争对手的情况如实地反馈给厂家，建议厂家尽快拿出应对措施。这样，你就可以获得一大笔促销支持费用。
- 打造样板市场：申请打造符合厂家要求的样板市场。对于新产品、样板店建设，厂家需要与个别经销商合作，以期在获得一定的市场经验后，再大面积在全国推广。如果你的经销区域成为厂家的样板市场，就能获得促销员、宣传物料、促销折扣等大量支持。
- 集团采购：有些大型的企业，如中石化、中石油、中国邮政、中国电信等，需要团购大批产品，但价格要求比较低。你可以马上将这个情况报告给厂家，厂家也会很支持这样的团购活动的，薄利多销。

以上所述的个性化促销活动，如果经销商操作得好，可能使利润大幅提高。

作者梅明平对经销商说

上文针对如何提高综合毛利率介绍了 7 种方法，现在回顾一下。

第一种方法，将业务员的奖金制度由销售提成制改为利润分红制。提高综合毛利率最大的责任在业务员身上，而不是经销商老板。人的行为是制度的产物，只要改变了制度就会改变人的行为。所以，经销商老板必须马上将销售提成制改为利润分红制。

第二种方法，提高辅销产品和畅销产品的单价。利用客户对辅销产品价格不敏感的特点，适当提高辅销产品的单价，以提高辅销产品的综合毛利率。同时，介绍了提高和降低畅销品的单价对利润的影响，以告诉经销商，不要轻易降低畅销产品的单价，即使 1% 的降价，对利润也会产生 25% 甚至更多的影响。如果稍微提升畅销产品的价格，如增加 0.5% 或 1%，对销量没有影响的话，建议经常采用。因为畅销产品价格的小幅增加或减少，对经销商的利润影响是巨大的。

第三种方法，提升对利润贡献大的单品销量。经销商经营的产品通常有上百种，但累计利润贡献在 70% 左右的单品只占 10% 左右，这 10% 对利润贡献大的单品称为黄金单品。经销商要多花精力在黄金单品上，以促进黄金单品的快速增长。

第四种方法，提升对利润贡献大的单店销量。经销商与几百家甚至几千家店铺合作，但累计利润贡献在 70% 左右的单店也和单品一样，只占 10% 左右，这 10% 对利润贡献大的单店称为“黄金店铺”。经销商要多花精力在黄金店铺上，安排精兵强将，对黄金店铺进行支持，以促进黄金店铺销量的快速增长。

第五种方法，调整产品结构和渠道结构。例如，原来高毛利率产品销售额占 10%，现在调整到占 20%；原来高毛利率产品在高毛利率的销售渠道的销售额占 15%，现在调整到占 30%。低毛利率的畅销产品不需要经销商推销，经销商需要把精力花在不好卖的高毛利率的产品上。同样的道理，低毛利率销售渠道不需要经销商花精力维护，经销商需要把精力花在高毛利率的销售渠道上。

第六种方法，获得厂家的返利。厂家有各种各样的返利政策，尤其是针对毛利率低的名牌产品。有时候，经销商靠自己经营，可能只能获得 1% 的经营利润，而厂家任务完成得好，可能获得厂家给予的 1.5% 甚至 3% 的返利，厂家返利比你自己经营赚的钱还多出一倍。因此，经销商尤其是名牌产品经销商，一定要好好研究厂家的返利政策，否则，单靠自己的经营利润可能难以为继。

第七种方法，向厂家申请个性化促销。厂家既有全国性的促销活动，也有针对个别经销商的个性化促销活动。遇到个别经销商的特殊情况，如店庆、竞争对手大力度促销等，单靠经销商的一己之力难以抗衡，需要获得厂家的大力支持。个性化促销如果运作得好，厂家给你的费用支持甚至比你自己的毛利还多。

当然，还有很多方法可以提升综合毛利率。例如，厂家都会或多或少有一些尾货，数量不多，不适合做全国性促销活动。我在企业做销售总监时，有一位梅州的经销商，经常向公司申请销售尾货。一般情况下，尾货的价格很低，如 2 折供货。这位经销商申请到这批货后，常常给其他地区的该品牌经销商打电话，3 折卖给他们，轻轻松松大赚一笔。

亲爱的经销商朋友，你学到了几招？以上方法，能不能帮你将综合毛利率提升 20% 甚至更多？

经销商赚钱工具箱

为了提升综合毛利率，经销商要掌握以下 8 个要点。

1. 毛利率计算公式。
2. 单个产品毛利率。
3. 综合毛利率。
4. 黄金单品。
5. 黄金店铺。
6. 产品销售结构对综合毛利率的影响。
7. 销售渠道结构对综合毛利率的影响。
8. 提高综合毛利率的七种方法。

经销商赚钱行动计划

为了提升综合毛利率，经销商要立即开展以下 10 项工作。

1. 制定未来 5 年综合毛利率、费用率和净利率目标。

2. 制定当年不同销售渠道的综合毛利率、费用率和净利率目标。

3. 调整现有销售渠道结构。

4. 调整现有产品销售结构。

5. 将业务员的奖金制度由销售提成制改为利润分红制。

6. 制作单品创利排行榜确定黄金单品。

7. 制作单店创利排行榜确定黄金店铺。

8. 确定要提高价格的辅销产品与提升比例。

9. 研究厂家的返利政策并制定获利策略。

10. 研究厂家的个性化促销政策并制订申请方案。

第二部分

费用低

第三章　管理费用

经销商痛点

1 管理部门的员工收入旱涝保收，对企业盈亏漠不关心。

2 无论公司有多忙，员工下班就走人，感觉公司业务与他无关。

3 每逢节假日是生意的旺季，行政管理人员想照常休息。

4 业务员才十人，行政管理人员就有七八个，还觉得人手少。

5 销售管理没头绪，不是阿米巴就是股份制，结果越来越乱。

6 好面子把办公室租在商业中心，租金相当于几千万销售额。

7 不当家不知道柴米贵，公司差旅交通水电费样样超标。

8 存货产品不盘不知道，一盘吓一跳，一年损失几十万元。

9 业务员常常赊销，导致应收账款多，坏账损失大。

作者梅明平对经销商说

在未来经销商的组织架构中，经营管理部是由除销售部之外的所有职能部门组成的一个综合部门，是处理整个公司经营数据的部门。经营管理部为了把好经营之舵，需要承担正确收集和汇总重要经营信息的责任。这种经营信息好比飞机驾驶舱内各种仪表盘上的数字，经营管理部要让这些经营信息正确地发挥作用，它是从根基上支撑商贸企业销售的一个部门。经营管理部作用大，但费用要控制。

管理费用，是指商贸企业的行政管理部门为组织和管理经营活动而发生的各种费用。它包括业务招待费、办公费、差旅费、邮电费、咨询费、折旧费、低值易耗品摊销、五险一金、管理人员工资及福利费等。管理费用属于期间费用，在发生的当期就计入损失或是利益。

管理费用越少越好！

因为管理费用作为费用的一部分，会消耗经营利润，使净利润减少，所以，管理费用，包括管理人员工资、库存盘亏、坏账损失、差旅费、招待费、办公费等，越少越好。

管理人员要一个萝卜一个坑，个个成为精兵强将！管理部门要做到小部门大作为，给销售部门及时提供各种各样的精确信息，为一线的业务员提供威力强大的“弹药”。

管理费用与营业费用合起来就是经营管理费用，那么二者有什么区别呢？营业费用，是商贸企业在销售商品过程中发生的费用，包括运输费、装卸费、包装费、保险费、展览费和广告费，以及为销售本企业商品而专设的销售分公司、办事处、售后服务网点等的员工工资及福利费、业务费等经营费用。部分直接从厂家进货的经销商的营业费用还包括从厂家购买商品的过程中发生的运输费、装卸费、包装费、保险费、运输途中的合理损耗和入库前的挑选整理费等。

从以上可以看出，管理费用是指企业的行政管理部门及员工发生的费用，营业费用是指销售部门及业务员发生的费用。

现以某经销商为例，来看看其经营管理费用、部分管理费用各费用的占比情况。

案例　某经销商的经营管理费用占比

某经销商的经营管理费用占总销售额的 8%，其中管理人员工资占 0.46%，办公费用占 0.21%。换算成占总费用比例，管理人员工资占 5.8%，办公费占 2.6%，两者费用合计占 8.4%，见表 3-1。

表 3-1　某经销商的经营管理费用明细表

编号	项目	占总销售额比例	占总费用比例
1	管理人员工资	0.46%	5.8%
2	办公费	0.21%	2.6%
3	销售费用	4.03%	50.4%
4	物流部	1.46%	18.3%
5	资金占用利息	0.92%	11.5%
6	税负	0.92%	11.5%
合计		8.00%	100.0%

表 3-2 是某经销商部分管理费用明细表。

表 3-2　某经销商部分管理费用明细表

行号	科目名称	累计金额	占该部分费用比例
1	员工福利	565 602.42	41.3%
2	供应商赞助费	396 392.55	29.0%
3	电费	132 301.00	9.7%
4	日杂费用	82 891.78	6.1%
5	设备维护	59 292.02	4.3%
6	行政赞助费	34 358.55	2.5%
7	食堂餐费	34 135.35	2.5%
8	酒店招待费	20 870.01	1.5%
9	电话费	11 808.89	0.9%
10	办公用品	8 655.17	0.6%
11	差旅费	7 500.52	0.5%
12	会议招待费	6 820.03	0.5%
13	水费	3 494.45	0.3%
14	办公设施	3 390.09	0.2%
15	快递费	987.52	0.1%
合计		1 368 500.35	100.0%

一、管理人员工资

作者梅明平对经销商说

在现阶段经销商的经营利润薄如纸的情况下，商贸企业的薪酬必须改革，否则迟早被淘汰！

很多经销商希望通过引进阿米巴经营来提高企业绩效，但如何确定各个阿米巴都能接受的公平合理的价格是最令人头痛的事情，很少有管理者能像稻盛和夫一样在企业有至高无上的权威，各个阿米巴的价格可以由稻盛和夫说了算。大多数经销商引进阿米巴之后，为确定各阿米巴之间的价格吵翻天，谁都希望进货价格较低、出货价格较高，最后不了了之，无法让阿米巴经营顺利开展。

也有的经销商希望通过股份制改革来激发员工的积极性。但问题是，大部分股东想得更多的是权力而不是责任，想的是更多地分红而不是更多地创利。股份制解决了如何分红的问题，但没有解决如何让商贸企业盈利的问题。商贸企业创利，必须发挥每个员工的积极性，让每个员工主动地、自动自发地降本增效，才能实现盈利。在利薄如纸的今天，商贸企业单凭经销商老板或者几个股东努力，是很难实现盈利的。

因此，商贸企业薪酬制度的改革，比引进阿米巴经营、股份制要有效得多、简单得多、现实得多。

商贸企业薪酬制度改革的根本点，是要实现人人都有动力、人人都有压力去降本增效！不能让哪一个人旱涝保收、吃大锅饭。如何把行政管理部门的所有员工激发起来，真正成为企业创利的掌舵人？如何让行管部门成为小部门、大管家？如何引领商贸企业薪酬制度改革新潮流？这就是接下来要讲的内容。实践证明，这种薪酬制度改革非常成功。

管理人员，是指在组织中行使管理职能、指挥或协调他人完成具体任务的人，其工作绩效的好坏直接关系着组织的成败兴衰。

这里所说的管理人员，是指按照稻盛和夫的阿米巴经营思想所设立的管理部门，包括行政、财务、人事、后勤、采购、物流等部门人员，他们为销售人员提供服务。

来看一个新型的经销商组织结构图，如图 3-1 所示。

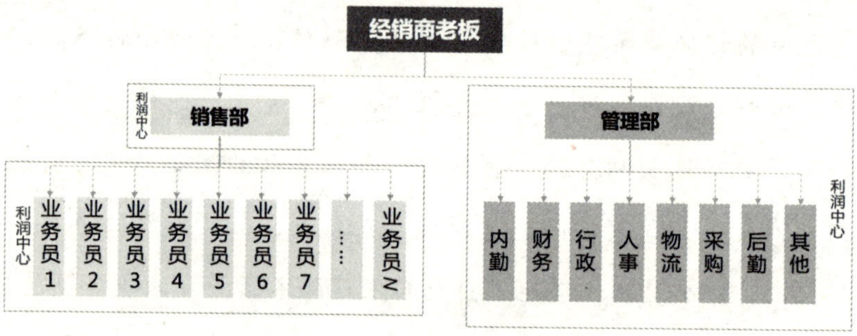

图 3-1　经销商新型组织结构图

这样设置组织架构的目的，一是减少费用。如果按照行政职能单独设置部门，每个部门就需要设置经理或部长，如财务部部长、行政部长、人事经理、物流部长……这样就会大大增加企业的开支。如果把这些职能人员放在一个管理部架构内，只需要设置一个管理部部长就可以了。二是高效运转。经销商最基本的职能是销售，所以只需设立一个销售部，由管理部来承担除销售以外的其他工作，管理部的人越少越好，所以稻盛和夫说，管理部门应该是一个小部门。在互联网时代，借助微信、外勤365、CRM系统等软件，可以实现高效且低成本地传递信息。

这样的管理部，既是一个服务部门，服务于销售人员，如提供各种各样的报表；也是一个管理部门，为销售人员提供建议，告诉销售人员，哪个产品、哪个客户、哪个渠道、哪个品牌创利最多，以引导销售人员在创利最多的要素上下更多的功夫。管理部还可以控制销售成本，对于那些售价低于最低限价的产品，禁止开单出货，以确保公司的经营利润。

但是现在，会计、出纳、人事、行政、内勤等人员的工资收入，与经销商的经营成果没有任何关系，他们就像一部机器，按既定的流程日复一日地运转，对经销商老板的盈亏毫不关心，经销商老板亏了，也不会影响他们的收入，他们照常拿工资，一分不少。

显然，管理部的薪酬体系需要改革！

怎么改？只有把管理部员工的收入与经销商的经营成果挂钩，经销商赚钱时他们能一起分享利润，经销商亏本也会降低他们的收入，这样他们才会真正关心经销商的业务，才会对销售人员起到控制和管理作用。

为此，必须让管理人员的收入与公司的经营利润挂钩。这样，管理人员的工资就应包含两部分，即基本工资和利润分红。其计算公式如下。

管理人员工资 = 基本工资 + 季度税后利润分红

1. 基本工资

基本工资也叫标准工资，是指职工完成规定时间的工作或劳动定额，按照工资标准领取的工资数额。它是劳动报酬的基本部分，也是计算职工退休费、退职生活费，提取奖金，发放加班工资，计算其他劳保福利待遇的基础和依据。

经销商所在的销售行业有一定的特殊性，尤其是在节假日，很多行业的员工如教育行业、工矿企业、国家行政工作人员都休息的时候，是经销商的员工最忙的时候，如业务员要在节假日做促销活动、销售内勤要开单、仓管要发货、司机要配送、财务要做账、出纳要收款……因此，商贸企业的员工的基本工资建议采用日工资制，即上一天班就发一天工资，不上班就没有工资，周末休息没有工资，日工资每天计算，月底发。这样可以避免最忙时员工要休息、要请假。基本工资计算公式如下。

基本工资：日工资标准（80~130 元 / 天）× 实际出勤天数

日工资标准，每天为 80~130 元，是根据员工岗位的重要性、工作年限而设定的标准。例如，刚刚上岗的销售内勤每天 80 元，工作两年以上的会计每天 130 元等。

还可以与员工这样约定，员工每个月的标准工作时间为 22 天，超过 22 天的日工资，按照 150% 计算，则每个月工作时长超过 22 天的日工资计算情况见表 3-3。

表 3-3 管理部人员正常工资与加班工资标准

管理部人员工资级别	每月正常工作 22 天的日工资标准	正常工作时间加班费标准	超过 22 天的加班工资标准
1 级	80 元 / 天	10.00 元 / 小时	120 元 / 天
2 级	90 元 / 天	11.25 元 / 小时	135 元 / 天
3 级	100 元 / 天	12.50 元 / 小时	150 元 / 天
4 级	110 元 / 天	13.75 元 / 小时	165 元 / 天
5 级	120 元 / 天	15.00 元 / 小时	180 元 / 天
6 级	130 元 / 天	16.25 元 / 小时	195 元 / 天

当然，加班需要申请并经同意才有效。

例如，经销商王总给出纳张小琴的日工资标准为 100 元，双方在劳动合同上约定按日开工资，每个月标准工作时长为 22 天，超过 22 天的日工资按照 150 元计算。

这个月，张小琴工作了 28 天，那么她这个月的工资为 3 100 元，计算如下。

22 天 ×100 元 / 天 +（28 天 −22 天）×150 元 / 天 = 3 100 元

这样制定基本工资，是不是解决了员工在节假日请假的问题？效果是不是比全勤奖要好？员工会不会每个月都希望工作时长超过约定的时长如 22 天？员工还会动不动就请假吗？在周末、节假日上班员工愿不愿意？

如果加上每天加班按小时计加班工资，员工会不会经常加班?

2. 季度税后利润分红

这里所说的利润，和前文所述的业务员分享的利润不一样，业务员分享的利润是指业务员的增值部分，不包含物流费、税负、管理费。管理人员分红的利润，是经销商创造的真正税后净利润，其计算公式如下。

季度税后利润 = 季度税前利润 – 季度所得税

对管理部人员采用税后净利润分红，是要让管理部人员真正发挥监控、管理销售人员的作用，让他们真正关心企业的盈利。管理部的管理水平，与企业的经营结果息息相关。只有让管理部门、销售部门所有人员一起降本增效，才能实现企业的利润倍增。

如果管理部门的员工拿固定工资，没有奖金，那管理部门的员工只会成为定时定点的机器，按时上下班，没有工作压力，没有工作目标，没有成就感，企业的盈亏与他们毫无关系，无法有效发挥管理部门的管理作用。如果对管理部门采用费用承包制呢?例如，管理部门的所有费用按照销售额的 2% 来做预算，或者按照进货成本的 2% 来做预算，结果会怎么样呢?结果会比固定工资要好一点，员工会关心管理部门的费用，但是，他们还是不会关心企业的盈亏，还是无法有效发挥管理监控的作用。因此，为了让管理部门真正发挥对企业的管理作用，实现企业的盈利，就必须让他们的主要收入与企业的盈亏挂钩。

人的行为是制度的产物！

首先要确定管理部税后利润分配的比例，如可以分配税后利润的 5%。这样可以控制管理部的人员规模，管理部的人越多，参与分红的人也就越多，每个人得到的分红就越少。为什么要采用季度分红制呢？第一，可以减少计算分红的工作量；第二，季度净利润相对比较平衡，不会因销量和费用分摊的变化大起大落。

管理部季度税后利润分红总额 = 季度企业税后净利润 × 5%

例如，某经销商一季度税后净利润为 200 万元，则管理部季度分红为 10 万元，其计算公式如下。

管理部一季度税后利润分红总额 = 200 万元 × 5% = 10 万元

如果该经销商管理部有 10 人，平均每个人可分红 1 万元；如果该经销商管理部人数较多，有 20 人，则平均每个人分红 5 000 元。所以，一旦将分红与管理部挂钩，管理部负责人就会在人员规模上进行精减、在人员能力上进行提升。

管理部分红总额可以很容易地计算出来，但如何分配给每个管理部的员工呢？是公开让每个员工都知道分配的方式，还是把每个员工叫到办公室秘密分配，并告诫被分配的员工不要告诉别人？

相信经销商老板在这方面都深有体会！尤其是每年春节给员工发红包时，都要千叮万嘱，让拿红包的员工不要告诉别人。结果呢？员工一走出办公室，红包里的数额大家就都知道了，只要数额不一样，员工就会有意见，最难做的就是老板。

怎么办？下面看一下某经销商利用积分制为管理部员工分配红利的情况，见表 3-4。

表 3-4 管理部一季度利润分红分配明细表

分红总额	阶段总积分	积分兑换比例	编号	员工姓名	季度积分	分红金额
198 200.54	181 702	1.0908	1	田 × ×	35 898	39 157.54
			2	陈 × ×	22 675	24 733.89
			3	周 × ×	20 040	21 859.63
			4	陈 × ×	19 580	21 357.86
			5	孔 × ×	18 430	20 103.44
			6	杨 × ×	17 490	19 078.09
			7	刘 × ×	15 630	17 049.20
			8	王 × ×	13 290	14 496.73
			9	刘 × ×	9 870	10 766.20
			10	吴 × ×	6 589	7 187.28
			11	高 × ×	1 230	1 341.68
			12	毛 × ×	980	1 068.98
			合计		181 702	198 200.54

该经销商采用积分制来分配奖金后，从此远离了员工因红包、奖金数额不等导致的负面情绪、矛盾或投诉。每个员工为了获得更多的奖金，时时刻刻都会想办法增加自己的积分。

关于经销商如何实现积分制管理，在这里就不再赘述。

二、办公室租金

作者梅明平对经销商说

杜邦公司的创始人皮埃尔·杜邦是法国人，于1802年从法国移民到美国，他建立了杜邦公司，从1802年到1880年，黑火药一直是其主要产品。生产火药最大的问题是安全问题，为了让员工把安全放在第一位，皮埃尔·杜邦决定，将自己的办公室建在火药车间！就是这一决定，让杜邦公司成了全世界最安全的公司。

经销商最重要的场所是仓库。仓库的货就是经销商的家当！是经销商用现金换来的！经销商要对自己仓库的产品心中有数，包括哪些产品好卖、哪些产品不好卖，哪些产品缺货、哪些产品积压，哪些产品赚钱、哪些产品亏本。怎么做到呢？最好的方法就是将办公室建在仓库！从成本考虑也应该如此。

办公室，是工作办公的场所，由办公设备、办公人员及其他辅助设备组成。办公室租金，就是租用办公室需要支付的费用。租用办公室是要花租金的。

利润微薄的行业，如快速消费品经销商的年利润率往往只有1%~3%。对于一年销售额为1亿元的经销商来说，利润也只有100万~300万元，如果办公室租金是4万元/月，一年就会花掉48万元的租金，按照2%的利润率计算，就需要消耗掉2 400万元的销售额带来的利润。

因此，经销商的办公室最好选在租金便宜的地方。如上例中 4 万元 /月的租金，如果变成 2 万元 /月，一年就能节约 24 万元，这 24 万元就变成了净利润。

经销商的办公室设在哪里最好呢？既方便员工工作，又能节约办公室租金？我发现，最好的地方就是仓库或仓库隔壁。

下面看看一位经销商把办公室建在仓库的案例，如图 3-2 所示。

图 3-2　湖北省黄梅县老邢五金的办公室

图 3-2 是我为广东福田电器做营销管理咨询项目时，来到河北黄梅县做市场调研时拍摄的一张照片。这家经销商的公司名叫老邢五金，经营了二十多年，在当地是行业老大、区域“霸主”，市场占有率第一。它的办公室就一直建在仓库，大家看一下照片里的办公室的玻璃窗的后面，陈列的都是产品。

亲爱的经销商朋友，请马上计算一下，你的办公室租金一年要花掉你多少销售额带来的利润？如果把你吓一大跳，接下来该怎么办？

须强调一下，现在有很多经销商二代接班，或者叫商二代，这些接父母或岳父母班的年轻人，往往受到了良好的教育，甚至在国外留过学，他们往往倾向于选择在当地市中心、最繁华的办公大楼办公。这些地段高昂的办公场所租金为降本增效带来巨大阻力。

放下自己的面子吧，经销商行业赚到的钱是含着泪水的辛苦钱，如果遇到库存积压、呆死账多，甚至还要赔钱。

要成为成功的经销商，尤其是二代经销商，必须养成事事都精打细算的习惯，要把利润一分一分地抠出来。否则，钱就会从指缝中像沙子一样一点一点地流出去，一年到头没日没夜地干，到结账时发现是竹篮打水一场空。

三、存货盘亏

作者梅明平对经销商说

别小看存货盘亏，它就像一个黑洞，日积月累会侵蚀掉经销商的很多利润。如果不严格管理，员工就会产生“反正是老板的货，不拿白不拿”的思想，最终导致从仓库顺手牵羊的员工越来越多，无单发货的越来越多，随意进出仓库的人越来越多。

库存的货都是经销商老板的财产，所以，经销商老板要及时堵住库存漏洞，保护自己的财产免受损失。

案例 某经销商仓库管理奖惩制度

某经销商实行每日仓库动态盘点，如发现仓库货物丢失，由库管员照价赔偿。如果每月货物盘点正确，没有货物丢失，公司每月发放 800 元库存管理奖。

自从该经销商实施以上仓库管理奖惩制度后，原来每月丢失 1 万 ~10 万元货物的情况，再也没有发生了。

别小看每月的盘点，如果库存损失 3 万元的话，就相当于少了 3 万元的利润。如果按照 2% 的净利率计算，就相当于需要 150 万元销售额产生的利润来弥补。因此，库存损失是经销商的一个巨大黑洞，需要及时堵上。

先来了解一下存货盘亏。

存货盘亏，是盘点后存货的账面结存数大于实际结存数的情况。企业在生产经营过程中除正常损失外，因自然灾害、管理不善等原因造成货物的损毁，主要包括外购货物和自制半成品、在产品、产成品的短少，即税法中所称的“非正常损失”。

企业存货的清查盘点，可分为定期盘点和不定期盘点两种。定期盘点一般在月末、季末、年终进行；不定期盘点是指临时性的盘点以及发生事故损失、会计交接、存货调价等而进行的盘点清查。企业应当做好存货的清查工作，加强管理，防止存货的呆滞积压或毁损。

现阶段，造成经销商存货盘亏的主要有以下原因。

1. 仓库管理没有规章制度，仓库好比菜市场，人员随意进出，顺手牵羊是常事。

2. 发货人员责任心不强，错发、漏发、重发时常出现，并且不能及时发现，甚至无人监督。

3. 无单发货，就是说仓库没有看到公司开具的出库单就随意出库。

4. 仓库盘点不勤，盘点时间跨度太长，无法查到是由于什么原因造成存货盘亏的。

5. 仓库的管理职责不明确，赏罚不分明，导致员工没有主人翁意识。

6. 公司的管理层没有仓库管理意识，没有带头严格遵守公司的仓库管理制度。

因此，经销商要加强库存商品管理。下面来看看某经销商的库存商品管理制度。

案例 某经销商的库存商品管理制度

一、库存商品管理要求

1. 商品数量：每日动态盘点。

2. 库存损失：损失由库管人员照价赔偿，无损失则每月奖励 1 000 元。

3．商品状态：每月 10 日、20 日、30 日汇报破损商品的处理情况。

4．商品卫生：按时按照标准检查库管的日工作、周工作。

5．业务货位：每月 20 日清零。

二、退货返货评分

按照退货返货情况进行评分的评分细则见表 3-5。

表 3-5　退货返货评分表

工作职责	检查次数	分值 / 次	月检查得分	检查明细
点库	4 次 / 月	10	40	◆ 全部商品
退货返货	8 次 / 月	10	80	◆ 按照收付标准清点 ◆ 当日返货次日清 ◆ 库存不足商品的整理
商品卫生	8 次 / 月	5	40	◆ 所有商品保持可出库状态
货位清零	1 次 / 月	40	40	◆ 每月 20 日业务员货位清零
合计			200	—

四、坏账损失

作者梅明平对经销商说

如果员工认为钱是老板的，与自己没有关系；如果员工认为，老板的便宜不占白不占，能占老板 1 毛钱的便宜，就绝对不会仅占 1 分钱，在这样的情况下，员工为了追求表面的销售业绩就会进行赊销，就会导致应收账款越积越多，坏账越来越多。经销商老板要赚钱，谈何容易？

怎么办？

优秀的经销商老板就会堵住赊销的漏洞！就会让自己的钱与员工的利益挂钩：老板的损失就等于员工自己的损失！赊销出去追不回来的钱就得员工自己垫。经销商老板不承受任何损失，所有损失由员工承担。

亲爱的经销商老板，你能做到吗？

案例 某经销商的坏账管理制度

应收账款、临时欠款经过公司批准同意出现坏账的：销售经理负责 20%、业务员负责 80%。应收账款、临时欠款没有经过公司批示出现坏账的：业务员负责 100%。

在这样的坏账管理制度下，还会出现很多坏账吗？

实际上，应收账款多，坏账就多。因此，经销商要严格执行应收账款管理制度，控制赊销，将导致赊销的销售提成制改为利润分红制；对于业务员采用赊销产生的应收账款，要按日收取该业务员的应收账款利息。

下面来了解一下什么是坏账损失。

坏账是无法收回的应收账款，因坏账而发生的损失称为坏账损失或坏账费用。在损益表中，坏账损失通常归于营业费用中的销售费用类，也有一些企业将它归于管理费用类。核算坏账的方法通常有直接销账法和备抵法两种。

直接销账法：在坏账发生的当期直接从应收账款中注销，记作坏账费用。这种方法比较简单，但没有从时间与数量上反映应收账款与坏账损失的配比关系，所以不符合配比原则。

备抵法：根据各期应收账款数额和拖欠期的不同，按期估计各期的坏账损失并计作当期的费用，记入备抵账户。这种方法较直接销账法复杂一些。采用这一方法，不但可以将坏账损失与相关的收入联系起来，而且有利于在当期期末的资产负债表上反映出估计的应收账款可实现额。

五、固定资产折旧

企业在生产经营过程中，因使用固定资产而使其损耗导致价值减少、仅余一定残值，其原值与残值之差在其使用年限内分摊的固定资产耗费就是固定资产折旧。

商贸企业也存在固定资产折旧费。固定资产折旧费作为经营费用，计入经营成本，从而影响经销商的利润。例如，经销商拥有的运输车辆、叉车、电脑等固定资产越多，折旧费也就越高。

首先，看看什么是固定资产，以及固定资产的金额标准。

《企业会计准则》第三条：固定资产，是指同时具有下列特征的有形资产：(一)为生产商品、提供劳务、出租或经营管理而持有的；(二)使用寿命超过一个会计年度。

《小企业会计准则》：固定资产，是指小企业为生产产品、提供劳务、出租或经营管理而持有的，使用寿命超过 1 年的有形资产。小企业的固定资产包括机器、机械、运输工具、设备、器具、工具等。

可以看到，不管是《企业会计准则》还是《小企业会计准则》，在固定资产的标准上都没有关于金额的限制，其具体金额标准是 1 000 元、2 000 元，还是 5 000 元，每个企业可以根据自身的实际情况自行在自己的固定资产管理制度中明确，只要符合企业自身经营规模，能较为真实地反映企业的经营状况即可。

降低固定资产折旧，唯一的方法就是尽量少购置固定资产，所需固定资产可以通过外包或租赁的方式解决。

六、管理费用大全

管理费用，除了以上提到的管理人员工资、办公室租金、固定资产折旧，还包括差旅费、办公费、福利费 、交通费、通信费 、水电费、会议费、修理费、低值易耗品摊销、社保费等许多杂七杂八的费用。下面整理了与经销商有关的 37 个管理费用科目，并对相应科目分别做了解释，方便大家在遇到实际问题时正确设置科目。

1. 管理人员工资。指商贸企业行政管理部门人员的工资，如管理人员、会计、出纳、内勤、应由管理费用列支的服务人员（如食堂炊事人员、门卫、宿舍管理员）、临时抽调在行政管理部门的助勤人员等的工资。

2. 福利费。是指商贸企业为职工提供的，除职工工资、奖金、津贴、纳入工资总额管理的补贴、职工教育经费、社会保险费和补充养老保险费（年金）、补充医疗保险费及住房公积金以外的福利待遇支出，包括发放给职工或为职工支付的各项现金补贴和非货币性集体福利。

3. 差旅费。按照规定支付给行政管理部门职工因公外出所产生的各种差旅费、住宿费、伙食费、公杂费（出差期间的市内交通、邮电、办公用品、小费）等；按规定支付给职工及其家属的搬家费；按规定支付给患职业病的职工去外地就医的交通费、宿费、伙食补贴等。

4. 办公费。指公司用的文具、纸张、印刷品（包括各种规程、制度、报表、票据、账簿等的印刷费和购置费）、邮电通信费（包括邮票、邮费、快递费、电话费等）、办公用品、银行结算单据工本费等。

5. 折旧费。指按规定由行政管理部门列支的各项固定资产的折旧费用。

6. 修理费。指行政管理部门所用固定资产、低值易耗品的修理费用，如电脑、座椅等的修理费。

7. 物料消耗。指固定资产等设备所消耗的各种材料，不包括修理用材料和劳动保护用材料，如计算机硬盘、光盘、软盘，以及插座等维修用部件。

8. 低值易耗品摊销。指行政管理部门所使用的低值易耗品、工具、低值设备因磨损而减少的价值及产生的修理费。低值易耗品包括桌、椅、柜等办公用具，工作服、安全帽、安全带、雨鞋等劳动用品，手推车、灰桶、铁镐等物业工具。

9. 工会经费。指按照职工工资总额的 2% 计提并拨付给工会的经费。

10. 职工教育经费。指商贸企业为职工学习先进技术和提高文化水平而支付的费用，按照职工工资总额的 8% 计提。

11. 劳动保险费。指企业缴纳的养老保险金、退休金等有关离退休人员的费用支出，还核算丧葬补助费、抚恤费。包括支付给离退休职工的退休金（包括按规定缴纳的离退休统筹金）、价格补贴、医药费（包括企业支付给离退休人员参加医疗保险的费用）、职工退职金、病假 6 个月以上人员工资，职工死亡丧葬补助费、抚恤费一次性补偿金等。

12. 董事会费。指企业最高权力机构（如董事会）及其成员为执行职能而发生的日常开支，包括差旅费、会议费、交通费等。

13. 咨询费。指商贸企业向有关咨询机构进行科学技术、经营管理咨询所发生的费用，包括聘请经济技术顾问、法律顾问、营销顾问等支付的费用。

14. 审计费。指企业聘请注册会计师进行查账验资及进行资产评估等发生的各项费用。

15. 诉讼费。指企业因起诉或应诉而发生的各项费用。

16. 排污费。指企业按照规定缴纳的排污费用。

17. 绿化费。与生产经营有关的、合理的厂区绿化费用。

18. 税金。指企业按照规定缴纳的房产税、车船使用税、土地使用税、印花税等。

19. 技术开发费。指企业研究开发新产品、新技术、新工艺所发生的费用。

20. 无形资产摊销。指专利权、商标权、著作权、土地使用权、非专利技术等无形资产的摊销。

21. 业务招待费。指企业的所属部门为企业业务经营的合理需要而支付的费用，按照发生额的 60% 扣除，但最高不得超过当年销售（营业）收入的 5‰。

22. 仓储费用。指企业材料、半成品及其产成品仓库为进行保管、整理等工作所耗用的材料、工具、备品和其他费用，包括支付给储运仓库的租金，以及本企业附属仓库中发生的转库搬运、检验、挑选整理、修复、维修保养、包装费用，库存物资损耗和工资，提取职工福利费等开支。

23. 保险费。指行政管理部门（包括福利部门）应负担的财产保险费、车辆保险（不包括采购物资的途中保险费）。

24. 水电费。指行政管理部门由于消耗水、电和照明用材料等而支付的费用。

25. 运输费。指行政管理部门应负担的厂内运输部门和厂外运输机构所提供的运输费用，包括其办公用车辆的养路费、管理费、不计入材料采购成本的市内运杂费、耗用燃料及其他材料等费用。

26. 取暖费。指行政管理部门所支付的取暖费，包括取暖用燃料、蒸汽、热水、炉具等支出。

27. 警卫消防费。消防部门的维护费用和日常经费，如消耗的消防用材料物资、预防用材料物资、预防宣传费用、警卫消防人员服装和门卫费用等。

28. 会议费。指企业因召开会议而按照规定支付的各种费用，其中包括会议伙食补助费、会议公杂费、住宿费和会场租赁费、会议交通费等。

29. 交通费。按照地方规定的范围和标准支付给职工的市内交通补贴，为接送职工上下班工厂自备车和职工私车所耗用的汽油费、养路费等交通费用及职工探亲旅费等。

30. 劳动保护费。指按照规定标准和范围支付给职工的劳动保护用品，防暑降温、保健饮料食品（含外购矿泉饮水）的费用和劳动保护宣传费用。

31. 租赁费。指行政管理部门使用的从外部租入的各种固定资产和用具等按规定在管理费用中列支的租金。

32. 环保卫生费。指企业为预防职业病而发生的工业卫生费，为保护工厂环境而发生的环境保护费用，处理“三废”的费用，厂区清洁费用等。

33. 坏账损失。指企业经批准实际转销的确实无法收回的应收款项或按规定提取的坏账准备金。

34. 存货盘亏（减盘盈）。指企业的原材料、自制半成品、在产品及产成品等盘亏，毁损、报废扣除过失人及保险公司赔款与上述存货盘盈相抵后的净损失。

35. 试验检验费。指企业对材料或产品进行化验、检验、试验而发生的费用。

36. 计提的存货跌价准备。指企业按规定提取的存货跌价准备金。

37. 其他支出。应该包含在管理费用中的其他项目。

管理费用科目虽然多，但是建议经销商按照自己企业的需求和发生的业务，对照上面为大家列出的这些项目，一一下设二级、三级科目，并非所有科目都要用到。

经销商赚钱工具箱

为了降低管理费用，经销商要掌握以下 8 个要点。

1. 管理费用的概念。

2. 经销商新型组织架构图。

3. 管理人员工资计算公式：

（1）基本工资计算公式；

（2）季度税后利润计算公式；

（3）积分分红。

4. 办公室租金。

5. 存货盘亏及原因。

6. 坏账损失。

7. 固定资产折旧。

8. 管理费用大全。

经销商赚钱行动计划

为了降低管理费用，经销商要立即开展以下 6 项工作。

1. 改革组织架构，采用新型组织架构。

2. 改革管理部薪酬制度，采用净利润分红制。

3. 实现积分制管理。

4. 将办公室建在仓库。

5. 建立库存盘亏奖惩制度。

6. 建立坏账管理制度。

第四章　销售费用

经销商痛点

1　销售费用居高不下，毫无头绪心乱如麻。

2　业务员工资实行销售提成制，降价赊销徒增销量。

3　应收账款越积越多，导致利息、坏账损失，资金周转慢。

4　促销费用不少花，促销效果看不见。

5　商品陈列没有规范，每个网点都不一样。

6　店内杂费从不控制，客户面前装大款。

7　返利、补差照单全给，业务员花老板钱心不疼。

8　退回的货堆满仓库，忙来忙去一场空。

销售费用是指企业在销售商品、提供劳务的过程中发生的各种费用，包括企业在销售商品过程中发生的保险费、包装费、展览费和广告费、商品维修费、预计产品质量保证损失、运输费、装卸费等以及为销售商品而专设的销售机构（含销售网点、售后服务网点等）的职工薪酬、业务费、折旧费等费用。企业发生的与专设销售机构相关的固定资产修理费用等后续支出也属于销售费用。

一、销售人员工资

作者梅明平对经销商说

销售人员的工资占经销商经营管理费用的25%甚至更高！经销商要盈利，必须依靠销售人员！如果销售人员不能给经销商创造利润，经销商赚钱终究是南柯一梦。销售人员能不能为经销商创造利润，关键是薪酬制度能不能激发销售人员创造利润。原来的销售提成制不仅不能给经销商创造利润，反而会导致经销商利润快速下降。在销售提成制下，销售人员想增加自己的收入，关注的重点就是如何快速提升销量。

而要快速提升销量，销售人员往往会采取与增加经销商利润相悖的措施。例如，采用赊销的方法，客户就容易多进货，但这样会导致应收账款多、利息高、坏账增加；找经销商老板要促销政策降低销售价格，客户也容易多进货，但这样会导致毛利率降低；无论是赊销还是降价销售，都容易导致客户进货过剩，最后要求退换货，从而增加返货物流费用和商品破损贬值。

因此，经销商要赚钱，就必须采用新的薪酬制度，而这种新的薪酬制度，必须有利于激发每个业务员去真正创造利润。只有让每个销售人员承担创造利润的压力，经销商才能实现利润倍增。如何制定能够激发每个业务员创造利润降低成本的薪酬制度呢？

销售人员工资，在现代渠道的六大费用中，约占 8%。表 4-1 是某经销商现代渠道六大费用中各费用的占比情况。

表 4-1　某经销商现代渠道六大费用中各费用的占比情况

项目	销售人员工资	应收账款利息	促销员费用	返利与补差	陈列费	店内杂费	合计
占比	8%	10%	40%	5%	34%	3%	100%

然而，销售人员不仅包含现代渠道业务员，还有传统渠道业务员、特通渠道业务员。销售人员工资在经销商的经营费用中占比最高达到 23.3%，接近 1/4。

既然销售人员的工资占比这么高，那么如何提高销售人员的工作效率，如何提高对销售人员投资的性价比就成为关键的问题。科学设计销售人员工资结构是经销商能否盈利的核心。传统的根据销量提成的方法，在利润薄如纸的今天，已经不能为经销商创造利润了，薪酬制度必须要改革！

下面，为大家介绍一种新型的增值型薪酬制度。

增值型薪酬，是指销售人员根据其所创造的增值部分而获得的薪酬，即销售人员分享自己创造的增值而不是销售提成。

增值型薪酬由 3 个部分构成：考勤工资、过程工资和结果工资。

考勤工资，属于法律工资，也可以叫基本工资、标准工资。如第三章所述，标准工资是指职工完成规定的工作时间或劳动定额，按照工资标准领取的工资数额。它是劳动报酬的基本部分，也是计算职工退休费、退职生活费，提取奖金，发放加班工资，计算计件工资单价及其他劳保福利待遇的基础和依据。

经销商聘用员工，必须提供至少达到当地最低工资标准要求的基本工资，否则就是不合法用工。

考勤工资是根据员工考勤情况来结算的。例如，将所有业务员的工资统一为 2 175 元，业务员的考勤工资不分工龄长短、年龄大小，同岗同薪。这样，按照国家规定的每个月标准计薪天数 21.75 天、每天工作 8 小时计算，就可以计算出请假、加班工资标准了，见表 4-2。

表 4-2 业务员考勤工资标准

项目	月考勤工资	月工作天数	每天工作时长	每个工作日工资	每小时工资
标准	2 175 元 / 月	21.75 天 / 月	8 小时 / 天	100 元 / 天	12.5 元 / 小时

如果员工在工作日请假，其考勤工资的计算方法很简单。如请假 1 天扣 100 元，请假半天扣 50 元，请假 1 小时扣 12.5 元。

如果员工加班，就按照国家规定的标准计算加班工资。根据相关法规的规定，企业向员工支付加班费的具体标准是：在标准工作日内安排劳动者延长工作时间的，支付不低于工资 150% 的工资报酬；在休息日安排劳动者工作又不能安排补休的，支付不低于工资 200% 的工资报酬；在法定节假日安排劳动者工作的，支付不低于工资 300% 的工资报酬。

对业务员采用考勤工资计算请假扣款或加班费有很多好处，计算简单，也比较公平。如果用总收入来计算考勤工资，就会存在总收入偏高，员工收入不稳定、不公平等现象。例如，某业务员月平均总收入为 7 830 元，按照 21.75 天计算，每天就是 360 元。那么业务员请假一天就要扣 360 元，业务员在法定休息日加班每天就要给 3 倍即 1 080 元的加班费。每请假一天扣除 360 元，业务员难以接受；在法定节假日加班每天给 1 080 元加班费，经销商老板也难以接受。

下面来看看某经销商的考勤工资统计表。

案例　某经销商的考勤工资统计表

某经销商确定每个业务员的考勤工资（基本工资）为 2 000 元。表 4-3 是该经销商业务员的考勤工资统计表。

表 4-3　某经销商 1—6 月业务员考勤工资（基本工资）统计表

单位：元

排名	单位全名	单据金额	月均基本工资
1	田 ××	12 000.00	2 000.00
2	陈 ××	11 980.00	1 996.67
3	周 ××	11 970.00	1 995.00

续表

排名	单位全名	单据金额	月均基本工资
4	陈 ××	11 960.00	1 993.33
5	孔 ××	11 950.00	1 991.67
6	杨 ××	11 940.00	1 990.00
7	刘 ××	11 930.00	1 988.33
8	王 ××	11 920.00	1 986.67
9	刘 ××	11 900.00	1 983.33
10	吴 ××	11 890.00	1 981.67
11	高 ××	11 880.00	1 980.00
12	毛 ××	11 840.00	1 973.33
13	宋 ××	11 820.00	1 970.00
14	李 ××	11 800.00	1 966.67
15	郭 ××	11 780.00	1 963.33
16	梅 ××	11 760.00	1 960.00
17	黄 ××	11 750.00	1 958.33
18	孙 ××	11 740.00	1 956.67
19	周 ××	11 710.00	1 951.67
20	郑 ××	11 200.00	1 866.67
合计		236 720.00	1 972.67

从表 4-3 可以看出，20 个业务员在上半年期间，平均月考勤工资为 1 972.67 元。按照每小时 12.5 元计算，平均每个员工每个月请假 2 小时 12 分钟。

接下来了解一下什么是过程工资。

过程工资，也叫特殊奖励，是对业务员所做的一些具体销售工作进行的奖励，或者叫特殊奖励，一般包括以下内容：

- 销售竞赛奖励；
- 订货会邀约客户奖励；
- 新客户开发奖励；
- 单品销售特别奖励；
- 新品销售特别奖；
- 铺货奖励；
- 陈列奖励；
- 车费、油费补贴；
- 手机话费；

……

为了提振销售氛围，鼓励业务员争当销售冠军，让优秀者获得更多，经销商要制订每月销售冠军奖励计划，对销售冠军进行物质奖励和精神奖励。

案例　月度销售冠军奖

考核条件：完成月度销售任务；

奖励对象：排行榜前 6 名业务员；

奖励金额：奖励每人 1 000 元奖金。

为了培养销售团队之间的竞争氛围，挖掘团队销售潜能，对于有销售团队的经销商而言，要开展团队销售竞赛活动，鼓励团队士气。

案例 团队竞赛奖

考核标准：自7月1日起累计完成7—12月销售任务比率；

奖励政策：每月胜出团队奖励团队1 000元，奖励团队每名业务员500元；

处罚政策：处罚最后一名团队每人200元，并在大会上做自我检讨。

对于需要召开订货会的经销商，要制订业务员、团队客户邀约竞赛奖励计划；对于完成邀约客户任务并获胜的个人与团队，给予奖励。

案例 订货会邀约客户竞赛与奖励计划

团队奖励：团队总体达成500万元目标，请团队聚餐。

团队PK规则：

- 团队分组：分为5个小组；
- PK内容：邀约客户总数任务达成率；
- PK方式：公司为每个小组提供PK金300元，共1 500元；
- 团队奖励：获胜小组获得3 200元团队奖励（除自己的PK金外，还可以获得另外4组的PK金1 200元+公司奖励2 000元）。

个人PK规则：完成邀约任务，每邀约一个客户奖励40元。

现在，经销商的很多业务员都有车，为了鼓励业务员开自己的车去拜访客户，经销商要对开车的业务员给予油费补助。同时，由于业务员需要经常与客户沟通，还要提供手机话费补助。

案例 某经销商的油费、话费补助政策

油费补助：对于有小车的业务，按管理的区域大小和管理距离的远近，分为 600 元、800 元和 1 000 元 3 个档次，按月进行补助。

话费补助：销售主管每月补助 240 元，业务员每月补助 150 元。

过程工资是帮助业务员成长的工资，控制了过程，就能控制结果。经销商要对过程工资做预算，将过程工资总额控制在 2 000~3 500 元，加上 2 000 元考勤工资，每个业务员可以获得 4 000~5 500 元的收入，以稳定业务员队伍。

案例 某经销商过程工资月统计表

某经销商为了激发业务员的销售积极性，经常开展销售竞赛活动，并把每月过程工资预算控制在 2 500~3 000 元范围内，具体情况见表 4-4。

表 4-4 某经销商 1—6 月业务员过程工资统计表

排名	单位全名	单据金额	月均基本工资
1	田 ××	28 602.00	4 767.00
2	陈 ××	23 500.00	3 916.67
3	周 ××	22 179.40	3 696.57
4	陈 ××	19 859.00	3 309.83
5	孔 ××	19 368.90	3 228.15
6	杨 ××	19 367.00	3 227.83

续表

排名	单位全名	单据金额	月均基本工资
7	刘 ××	18 662.00	3 110.33
8	王 ××	17 358.70	2 893.12
9	刘 ××	16 395.00	2 732.50
10	吴 ××	15 944.00	2 657.33
11	高 ××	15 800.00	2 633.33
12	毛 ××	15 600.00	2 600.00
13	宋 ××	15 200.00	2 533.33
14	李 ××	15 050.00	2 508.33
15	郭 ××	14 990.00	2 498.33
16	梅 ××	14 880.00	2 480.00
17	黄 ××	14 700.00	2 450.00
18	孙 ××	13 000.00	2 166.67
19	周 ××	12 000.00	2 000.00
20	郑 ××	11 900.00	1 983.33
合计		344 356.00	2 869.63

从表 4-4 可以看出，20 个业务员在上半年期间，平均月过程工资为 2 869.63 元，比人均考勤工资 1 972.67 元多 896.96 元。过程工资是考勤工资的 145%。说明经销商很重视业务员的销售过程，过程做好了，才会有好的结果。同时，考勤工资与过程工资之和为 4 842.30 元，对于暂时没有出业绩的业务员来说，这个工资也可以维持基本生活。

想一想，如果直接给予业务员 4 842 元的基本工资，结果会怎样呢？

最后看看什么是结果工资。

结果工资也叫利润分红，即根据业务员创造的增值来分红。通过利润分红，引导业务员开源节流，让业务员在销售过程中分毫必争。例如，超市换一个导购员的工作牌是 5 元，如果采用销售提成制的话，这 5 元就会被浪费掉，新来的导购要花 5 元重新买一个新的工作牌；如果采用利润分红制度，业务员就会把辞职导购的工作牌留下来，给新的导购使用。这些点点滴滴加起来，就是巨大的利润。

可以采用以下公式来计算结果工资。

业务员利润分红 = 该业务员创造的利润 × 利润分红比例

业务员创造的利润 = 该业务员（销售收入 − 销售成本 − 经营费用 + 其他收入）

- 销售收入：指该业务员完成的销售额。
- 销售成本：为该业务员创造销售收入的产品从厂家的进货价是固定的、公开透明的，经销商要大胆地将进货成本告诉业务员。
- 经营费用：指该业务员能够控制的销售费用，主要指六大费用，即业务员工资、促销员费用、陈列费、返利与补差、应收账款利息、店内杂费等。
- 其他收入：指厂家投入的费用，如新客户开发费、产品堆头奖励等，客户预收款利息及产品销售以外的其他收入。
- 利润分红比例：指业务员获得自己创造利润的比例，如食品经销商可以采用 10% 的比例。

这里要强调的是，该业务员的利润分红中所说的利润，并不是指净利润，只是指这个业务员所创造的增值额。因为，公司的管理费用、仓储物流费用、税负等还没有分摊给业务员，这些费用是业务员不能控制的，所以不能由业务员来承担。

下面，看看某经销商的业务员结果工资统计表。

案例　某经销商的业务员结果工资统计表

某经销商采用新的薪酬体系，将原来的销售提成制改为利润分红制。表 4-5 是该经销商的业务员 1—6 月获得的结果工资统计。

表 4-5　某经销商 1—6 月业务员结果工资统计表

排名	单位全名	单据金额	月均基本工资
1	田 ××	26 450.00	4 408.33
2	陈 ××	26 120.00	4 353.33
3	周 ××	25 980.00	4 330.00
4	陈 ××	25 020.00	4 170.00
5	孔 ××	24 378.00	4 063.00
6	杨 ××	23 140.00	3 856.67
7	刘 ××	22 310.00	3 718.33
8	王 ××	19 100.00	3 183.33
9	刘 ××	17 830.00	2 971.67
10	吴 ××	14 240.00	2 373.33
11	高 ××	13 908.00	2 318.00
12	毛 ××	12 030.00	2 005.00
13	宋 ××	11 029.00	1 838.17
14	李 ××	10 830.00	1 805.00
15	郭 ××	10 309.00	1 718.17

续表

排名	单位全名	单据金额	月均基本工资
16	梅 × ×	10 200.00	1 700.00
17	黄 × ×	9 200.00	1 533.33
18	孙 × ×	8 700.00	1 450.00
19	周 × ×	8 520.00	1 420.00
20	郑 × ×	6 380.00	1 063.33
合计		325 674.00	2 713.95

从表 4-5 可以看出，20 个业务员在上半年期间，平均月结果工资为 2 713.95 元。按照 10% 的分红比例，每个业务员创造的毛利润达到 27 139.5 元，还是相当可观的。过程做好了，结果一定不坏。

考勤工资、过程工资和结果工资，应该各占多少比较合适呢？一般情况下，考勤工资占 20%~40%，过程工资占 20%~25%，结果工资占 35%~55%。

来看一个经销商增值型薪酬制度的案例。

案例

某经销商对业务员实行增值型薪酬制度后，经过半年的时间运行，一切顺利，获得了非常好的效果。表 4-6 是业务员的收入结构明细表。

表 4-6　某经销商业务员收入结构明细表

工资明细	考勤工资	过程工资	结果工资	收入合计
金额（元）	1 972.67	2 869.63	2 713.95	7 556.25
占比	26%	38%	36%	100%

回顾一下表 4-1，销售人员工资占现代渠道销售额的 8%，占经

销商整个经营费用的23.3%，费用占比排行榜第一，是经销商最大的开支项目。因此，经销商要实现利润的稳步增长，必须确保对销售人员投资产生的效益最大化。

如果按照原来的销售提成制，经销商可以激励业务员提高销量，但不一定能够产生利润。业务员为了提高销量，往往会降低销售难度，通过低价销售甚至赊销达到快速提升销量的目的，业务员拿到了较高的提成，但会出现大量的退货（业务员压货所致）、应收账款利息（赊销所致）、返货物流费（退货所致）等，企业看似年销量不少，但一谈到利润就会“原形毕露”。

因此，经销商薪酬制度改革迫在眉睫。

在进行薪酬改革，即从原来的销售提成制改为利润分红制时，经销商必须采用数字化管理，完善财务制度。同时要对员工进行培训，强调薪酬改革的必要性和重要性，以获得员工尤其是业绩好的员工的支持。

二、促销员费用

作者梅明平对经销商说

对于某些行业，在现代渠道的六大费用中，促销员费用占40%，属于第一大费用。很多情况下，促销员费用由厂家报销，包括长期促销和临时促销。但是，大部分经销商没有发挥好促销员费用的作用。要么促销员管理不到位，促销效果差；要么招募的促销员数量达不到厂家的要求，因为需要经销商先垫付促销员费用。

经销商要实现利润倍增，必须充分利用厂家的促销员费用支持政策，因为有促销员在卖场服务总比没有促销员时销量要高。但是，为什么经销商一直没有利用好这个政策呢？主要原因在于业务员。对于业务员来说，要提升销量不如找经销商老板要降价销售政策，这样销量提升要快得多，也简单得多，毕竟管理促销员要费神费力。因此，对于经销商来说，管理促销员一直是一件头痛的事。

怎么办？解决办法就是，进行薪酬制度改革。在传统的销售提成制下，要想管理好促销员是很难的。在经销商对业务员实行增值型薪酬制度后，我相信，最想利用促销员政策的就是业务员了。因为，业务员要增加利润就必须充分利用促销员，他们会想尽办法去找优秀的促销员为自己服务。为什么呢？因为，促销员可以帮助提高销量、增加利润，但费用由厂家承担，这么好的政策不用白不用！

促销员费用不仅仅指促销员的工资，还包括促销试吃材料费、促销员管理费、促销员服装费、促销员工牌费和其他促销员费用。

表 4-1 显示，在现代渠道的六大费用中，促销员费用属于第一大费用，占 40% 左右。

为了严格管理促销员费用，首先要制定促销员费用管理制度。以下是某经销商制定的促销员费用管理制度。

某经销商促销员费用管理制度

承担主体：公司（经销商）不承担促销员费用，所有促销员费用由业务员承担；

费用出处：所有促销员费用由厂家承担，业务员要高效利用厂家促销员费用支持政策，厂家支持的费用公司给予补助，厂家不支持的费用公司不予补助；

报销时间：本月支付上个月费用，即时发生的费用即时报销。

从以上管理制度可以看出，促销员费用 100% 是由业务员承担的。业务员为了提高销量和利润，就必须充分使用促销员，让促销员发挥最大的效益，降低费用、提高利润。这样的促销员费用管理制度，促使业务员深入研究厂家的促销员支持政策，甚至比经销商老板研究得还要透彻。业务员会充分利用厂家的政策来聘用、管理促销员，充分利用厂家每一分的费用支持，实现自己利润的最大化。

下面看看某厂家对促销员费用的支持政策。

案例　玉米油春节旺季终端临时促销员费用支持政策

1. 陈列要求：×× 牌玉米油 400 桶堆和 200 桶堆规划。

2. 陈列时间：12 月 1 日—2 月 15 日。

3. 陈列费用支持：400 桶堆 4 000 元，200 桶堆 3 000 元。

4．临时促销费用支持：所有百桶堆均配临时促销员 1 名，临时促销费用 2 000 元 / 月。

以上政策如果实施，可能出现两个效果，一是经销商的业务员主动与厂家的业务员搞好关系，并及时认真研究厂家的促销员费用支持政策，把厂家的支持政策效益最大化，这是以前从来没有过的情况。二是业务员再不会轻易地去招募一个促销员，因为促销员的所有费用都从业务员的毛利中扣除，业务员往往会“挖墙脚”，把竞争对手的优秀促销员挖过来。这样，优秀的促销员就会帮助业务员提高销量，原来一个普通促销员一天卖 10 件产品，现在优秀的促销员一天可以卖 11 件产品，销售额立马提升 10%，同时提高了增值额，从而提高了业务员的收入。

三、陈列费用

作者梅明平对经销商说

陈列费用通常由厂家承担，而不需要由经销商承担。即便如此，使用陈列费用支持政策的经销商也很少，或者使用效果不好。为什么呢？因为陈列费用是由业务员使用的！如果业务员不愿意使用，或者不在意使用效果，即使经销商老板再着急、厂家支持再大也没有用。

经销商要充分利用厂家的陈列费用支持政策，唯一的前提条件就是：业务员有强烈的意愿使用陈列费用支持政策！只有这样，陈列费用支持政策才能得到良好的效果。如果仅仅经销商老板有意愿而业务员没有意愿，再好的厂家支持政策也落实不下去。

怎么才能做到呢？和促销员费用支持政策一样，经销商必须进行薪酬制度的改革，将原来的销售提成制改为利润分红制，费用由业务员承担，利润由业务员分享。这样，业务员才能充分利用陈列费用支持政策做好每个卖场的产品陈列，以帮助业务员提高利润，从而达到提高业务员收入的目的。

那么，经销商如何充分利用陈列费用？如何高效利用厂家的陈列费用支持政策？

陈列费用，就是超市出租某个空位给经销商摆放商品，经销商需要付给超市的租金。为什么要给陈列费呢？因为超市把人气旺、视线好的地方租给经销商用来展示商品，这样可以提高顾客的关注度和购买欲，增强产品竞争力，从而提高销量，所以经销商须给超市费用，这就叫陈列费用。

陈列费用名目繁多，主要包括端架陈列费、堆头陈列费、货架陈列费、形象店陈列费、割箱陈列费、进场费以及其他形式的陈列费用。

表 4-1 显示，陈列费用在现代渠道的六大费用占比中，仅次于促销员费用，占 34% 左右。

在现代渠道销售过程中，陈列费用是一种业务员主动出击产生的销售费用，这些费用通常由厂家承担。如果经销商的业务员有提高销量的强烈欲望，他们就会充分利用厂家的陈列费用支持政策。如果业务员对提高销量没有强烈的欲望，抱着消极怠工、过一天混一天的想法，那么厂家再好的陈列费用支持政策也会被弃之不用，毕竟陈列工作量比较大，报销流程复杂，有时甚至会吃力不讨好。

因此，如果管理不好，经销商的陈列费用会出现两个极端，要么过高，要么过低。那么，经销商老板应该怎么管理陈列费用呢？

陈列费用应该由谁申请使用？这是一个很重要的问题。由零售商申请使用吗？肯定不会！因为超市卖场寸土寸金，许多经销商都希望抢占陈列的最佳位置。由经销商老板申请使用吗？那也不可能，因为前线的士兵最了解一线的情况，经销商不可能了解超市的具体情况。因此，最好的办法还是由一线业务员负责申请和使用。

如果由业务员申请使用，经销商就需要制定陈列费用管理制度。接下来，看看某经销商制定的陈列费用管理制度。

案例　某商贸企业的陈列费用管理制度

公司不承担店内陈列费用，所有店内陈列费用由业务员承担，并从业务员的利润中扣除；业务员要高效利用厂家陈列费用支持政策提高销量。

从以上政策可以看出，该经销商的所有陈列费用由业务员承担。业务员为了提高销量和利润，就必须做好产品陈列。只有在陈列费用由业务员承担的情况下，业务员才会充分研究厂家的陈列费用支持政策，从而充分利用厂家的陈列费用支持政策，确保既不使自己承担一分钱的费用，也不浪费厂家一分钱的支持。

下面看看某厂家对经销商的陈列费用支持政策。

案例 12 月 1 日大米项目投放百包堆陈列费用支持政策

陈列要求：以经销商为单位选取各自市场大米销量 TOP100 门店中的 80 家门店，每个经销商投放 80 家百包堆，每个地堆 100 包产品，最多 2 个 SKU。

费用支持：12 月一整月每家陈列费 200 元。

我们来计算一下，如果经销商投放 80 家门店，每个门店陈列费用支持为 200 元，则经销商可以获得的陈列费用为 16 000 元。计算如下。

200 元 / 家 × 80 家门店 = 16 000 元

如果这 16 000 元由经销商自己出，按照 2% 的净利率计算，经销商需要 80 万元的销售额才能承担相应的陈列费用。因此，经销商必须充分利用厂家的支持政策，才能做大做强。

为了充分利用厂家的陈列费用支持政策，某经销商要求业务员每月 15 日规划下月陈列费用，以便做好陈列费用预算；在督促业务员做好陈列规划的同时，确保与厂家保持密切沟通，利用厂家陈列费用支持政策及时核销陈列费用。

同时，要求业务员将陈列规划落实到具体店铺，方便向厂家申请陈列费用核销。以下是某业务员传统渠道的陈列规划明细。

案例 某商贸企业业务员下月陈列计划

表 4-7 是某商贸企业业务员小王针对传统渠道 ×月的陈列计划。

表 4-7 × 月传统渠道陈列计划

业务	区域	店名	类型	生鲜店陈列	大米陈列	专背
小王	D 区	美好店	L	超市陈列		笨榨专背
		长青超市	L	超市陈列		笨榨专背
		汉南生鲜超市	L	超市陈列	米槽	笨榨专背
		利群超市	L	超市陈列		
		宝钢超市	L	超市陈列		
		汉阳生鲜超市	L	超市陈列		
		武昌食品超市	L	超市陈列		
		聚源超市	L	超市陈列		

该经销商要求每个业务员都像小王一样，在每个月的 15 日，将下月各个卖场的陈列计划上报，以便公司统计后上交厂家备案。

案例 某商贸企业每月 15 日统计下月陈列计划

表 4-8 是该经销商下月陈列计划汇总。

表 4-8 × 月传统渠道陈列计划汇总

割箱陈列			玉米油陈列	
陈列区域	L 店	C 店	L 店	C 店
A 区	28	2	12	1
B 区	22	3	16	2
C 区	17	—	4	—
D 区	18	—	10	—
合计	85	5	42	3

相信通过制定和严格落实以上陈列费用管理制度，经销商老板会感觉如释重负，并且销量也会迅速提升，厂家的陈列费用支持政策将得到每个业务员的充分利用。例如，以前 1 000 元的陈列费用可以实现 3 万元的销售额；实施该政策后，1 000 元陈列费用可以实现 3.3 万元的销售额，相当于陈列费用节省了 10%。这样的陈列费用管理制度就是要让业务员一分一分地去挣，降本增效，积少成多，聚众人之力，实现经销商利润倍增。

还是那句话：人的行为是制度的产物!

四、应收账款利息

作者梅明平对经销商说

应收账款如果管理不好，就会变成吞噬经销商利润的巨大黑洞，不仅应收账款变成坏账，应收账款利息也会产生巨额费用，至少占现代渠道六大费用中的 10%。

目前，对业务员的薪酬采用销售提成制的经销商，要想管理好应收账款和应收账款利息是相当困难的。钱是经销商老板的，应收账款能不能收回不关业务员的事；应收账款利息由经销商老板出，利息再多，业务员也没有一分钱的损失。但是，如果经销商应收账款管理严格，采用现款现货制度，就会阻止业务员通过赊销和降价获得更大的销量，从而影响业务员获得更多的提成，经销商老板的现款现货政策就成为“压迫”业务员的工具，业务员和经销商老板就成了“敌人”。

怎么办？要控制应收账款和应收账款利息，唯一的办法就是进行薪酬制度改革，规定坏账和应收账款利息全部由业务员承担。至于对零售商是否允许赊销、赊销多少、赊销多长时间，全部由业务员自己决定，同时，业务员承担因赊销导致的一切后果。

经销商如何减少应收账款利息？如何将应收账款利息降为零？

应收账款，是指经销商在销售过程中，被购买单位如零售商、批发商、团购企业所占用的资金。相当于商品销售出去了，但款没有收回，即赊销。经销商为购买单位垫付了资金，而资金的占用是会产生利息的，经销商从银行贷款也需要支付贷款利息。应收账款产生的资金占用费就是应收账款利息。在现代渠道的六大费用中，应收账款利息通常会占 10% 或者更多。

在销售过程中，经销商的应收账款管理不好，容易导致应收账款越来越多。如果经销商采用的是销售提成制度，业务员为了提高销量，往往会通过赊销的方式把货压给零售商。最后往往导致以下 5 种赊销后果：零售商退货、零售商不还钱导致应收账款成为呆死账、业务员收不回货款辞职走人、经销商资金周转慢、经销商破产。

应收账款利息究竟应该由谁承担？这是一个很重要的问题。由零售商承担吗？肯定不会！由经销商承担吗？如果由经销商承担，最后的结果就是上面所说的 5 种后果。怎么办?

只有由业务员来承担!

如果由业务员承担，经销商就需要制定应收账款利息管理制度。接下来，看看某经销商制定的应收账款利息管理制度及其具体管理方式。

案例 某商贸企业的应收账款利息管理制度

计算周期：账期客户和临时欠款客户的应收账款，按日收取应收账款利息。

日利息率：每日银行利息按照年利率 8% 计算，即 8%÷365 天 =0.022%。

临时欠款滞纳金：临时欠款超过 7 天收滞纳金，每日每店收取 10 元。

账期客户滞纳金：超过 60 天，每天按 0.05% 收取滞纳金；超过 90 天，每天按 0.1% 收取滞纳金。

承担主体：将应收账款利息、滞纳金，每天直接计入该业务员费用中。

占用货款：业务员、司机占用货款，每天加收占款利息 10%，即日收 10.022%。

坏账处理：经过公司批准而出现坏账的，业务员承担 80%，销售经理承担 20%。

财务人员：没能及时按天计算利息的财务人员，每天每店罚款

10 元。

特别说明：如果业务员预售客户货款，其日利息 0.022% 作为利润计入该业务员利润中。

通知方式：每天晚上 9 点，财务人员将当天的应收账款利息统计情况发布到公司业务员微信群。

从以上制度可以看出，所有应收账款包括临时欠款，经销商按照日利率 0.022% 向业务员收取利息；如果超过规定的时间，还要按天收取滞纳金；到期未收回账款、出现坏账至少也要承担 80% 的责任。总之一句话，经销商老板把业务员当成生意人来看待了，只不过业务员是在拿经销商老板的钱在做生意，所以业务员就需要承担资金使用的费用和后果。

上述制度公布后，该经销商老板不管业务员如何反应，强力推进，让财务人员每天将每个业务员的应收账款利息发到公司业务员微信圈，让每个业务员都能看到自己的和别人的“日应收账款利息”，见表 4-9。

表 4-9　某商贸企业 9 月 8 日业务员应收账款明细表

日期	业务员信息	单位全名	应收款余额	应收款日利息
8-16	王大毛	×× 购物中心	341 523.51	75.14
8-28	李小军	大润发 ×× 店	197 214.43	43.39
8-29	陈小武	×× 超市	320 331.32	70.47
8-30	毛文华	×× 路家乐福	129 487.01	28.49
9-5	朱达文	×× 路中百仓储	115 693.50	25.45
9-7	秦　芳	×× 食品店	53 432.54	11.76
9-8	张　俊	×× 百货商场	132 110.72	29.06
合计			1 289 793.03	283.75

如果出现临时欠款，利息管理与账期客户一样，每日收取；如果临时欠款超过 7 天，每店还要加收 10 元滞纳金，举例情况见表 4-10。

表 4-10　某商贸企业 9 月 7 日滞纳金明细表

日期	欠款明细	负责人	应收款金额	应收款日利息	欠款天数	今日滞纳金
8-16	自提	王大毛	466.00 元	0.10 元	22 天	10 元
8-28	自提	李小军	199.00 元	0.04 元	10 天	10 元
8-29	×× 餐馆	陈小武	4 078.00 元	0.89 元	9 天	10 元
合计			4 743.00 元	1.03 元	—	30 元

如果账期客户应收账款超过 60 天该怎么处理？超过 90 天该怎么处理？同样要收取滞纳金。表 4-11 是某商贸企业某日账期客户滞纳金明细表。

表 4-11　某商贸企业 8 月 26 日账期客户滞纳金明细表

日期	单据名称	员工姓名	单据金额	摘要	经手人
8-26	其他收入单	王大毛	5.83 元	中百商储淮海路店 70 天 11 665 元	财务
8-26	其他收入单	李小军	19.73 元	中商平价江汉路店 70 天 39 469 元	财务
8-26	其他收入单	陈小武	13.27 元	大德超市 70 天 26 535 元	财务
8-26	其他收入单	毛文华	22.08 元	家乐福超市王家墩店 70 天 44 163 元	财务
8-26	其他收入单	朱达文	39.49 元	李墩超市 70 天 12 024 元 90 天 33 478 元	财务
8-26	其他收入单	秦　芳	11.00 元	西湖超市 70 天 2 000 元 90 天 10 000 元	财务
8-26	其他收入单	张　俊	20.00 元	秦岭商超 70 天 30 000 元 90 天 5 000 元	财务
合计			131.40 元	—	—

经销商执行该政策后，在半年内完成 1.5 亿元销售额的情况下，业务员人均每个月需要支付 83.81 元的应收账款利息和滞纳金，见表 4-12。

表 4-12 业务员承担的应收账款利息和滞纳金明细表

编号	业务员姓名	应收账款利息和滞纳金合计（元）
1	王大毛	3 640.90 元 /6 个月
2	李小军	2 006.00 元 /6 个月
3	陈小武	1 941.03 元 /6 个月
4	毛文华	1 620.30 元 /6 个月
5	朱达文	1 435.46 元 /6 个月
……	……	……
35	秦 芳	10.00 元 /6 个月
36	王 伟	10.00 元 /6 个月
应收账款利息和滞纳金合计		18 102.88 元 /6 个月
每个业务员 1-6 月需要支付		502.86 元 / 人 · 半年
每个业务员平均每个月需要支付		83.81 元 / 人 · 月

这个应收账款利息管理制度有多大的效果呢？本案例中的经销商实施后，营运资金迅速从 4 500 万元减少到 2 700 万元，资金周转频率从原来的一年 3 次增加到 11 次。效果如何？

看来，还是一句话：谁掏钱谁上心。

五、店内杂费

作者梅明平对经销商说

店内杂费是零售商向经销商摊派的一些费用，由经销商承担，厂家一般不会承担。一般情况下，店内杂费可多可少，甚至可有可无。店内杂费必须依靠业务员才能管理好，依靠业务员与零售商良好的客情关系、沟通技巧，才能减少店内杂费。

在销售提成制的薪酬制度下，依靠业务员管理店内杂费是天方夜谭。只有在增值型薪酬制度下，业务员才会成为管理店内杂费的高手。

店内杂费名目繁多、谈判时间长，靠经销商老板个人是无法控制的。经销商老板首先要改革业务员的薪酬制度，将销售提成制改为利润分红制。同时，要制定店内杂费管理制度，将店内杂费划为业务员管理，杂费该不该出、出多少、何时出、何种形式出，都由业务员决定，并从业务员的利润中扣除。只有这样，才能管控好店内杂费，经销商老板才能解脱出来。

经销商该如何减少店内杂费？如何将店内杂费降为零？

店内杂费是零售商向经销商收取的一些费用，名目繁多，各地区各个零售店收取的费用名目不一样。这些杂费需要经销商自己承担，厂家不会承担，即使厂家愿意承担，也只愿意承担如进场费、陈列费、堆头费、程序员费、DM 费①等市场建设费用。

在现代渠道的六大费用中，店内杂费通常占 3%，具体占比高低与区域有关，也与经销商对这些费用的管理力度有关。

虽然有些地方规定，零售商不得利用市场优势地位向供应商（经销商或厂家）收取如合同费、搬运费、配送费、节庆费、店庆费、新店开业费、销售或结账信息查询费、刷卡费、条码费（新品进店费）、开户费（新供应商进店费）等，如果收取就属于违规收费。

① 指发到家庭或顾客手里的商品信息传单所用的钱。DM 是英文 Directmail 的缩写，意为快讯商品广告，通常由 8 开或 16 开广告纸正反两面彩色印刷而成，一般采取邮寄、定点派发、选择性派送到消费者住处等多种方式广为散发，是超市的主要促销方式之一。

但还是有很多零售商会收取名目繁杂的各种费用，这甚至成为经销商与零售商合作的“潜规则”。

通常情况下，店内杂费包括以下几种。

1. 手续费。微信转账手续费、刷卡手续费。微信转账是免费的，但微信上的资金转到银行账户会产生手续费，费率为 0.1%，每笔最少收 0.1 元。例如，通过微信转账 34 000 元到招商银行，会产生 0.1% 即 34 元的手续费。这些手续费积少成多，也是一笔不小的费用。

2. 店铺改造、装修费。零售商向经销商收取的未专门用于该经销商特定商品销售区域的装修、装饰费。

3. 水电费。零售商经营过程中发生的水电费，转嫁到与其合作的经销商头上。

4. 赞助费。零售商收取的各种名目的赞助费，如新店开业赞助费。另外，每年超市店庆时，超市都会向经销商收取一笔店庆费，每个经销商至少支付上千元，规模大的经销商甚至要支付上万元。表 4-13 为某区域现代渠道赞助费标准。

表 4-13　某区域现代渠道赞助费标准

渠道类型	年节	店庆	新店
大卖场	500 元 / 店	2 500 元 / 店	5 000 元 / 店
连锁超市	1 000 元 / 所有店	5 000 元 / 所有店	—
连锁便利店	1 000 元 / 所有店	3 000 元 / 所有店	—
单店 KA	500 元 / 店	2 000 元 / 店	—

5. 媒体广告费。零售商在当地媒体上投放广告的费用。

6. 店内需要经销商分摊的其他费用。

店内杂费由谁承担？这是一个很重要的问题。由厂家承担吗？肯定不会！由经销商承担吗？如果由经销商承担，最后发现这些杂费越来越多，会侵占经销商的经营利润。怎么办？

唯一的承担者也只有业务员！

因为，这些店内杂费都是由业务员与零售商谈出来的，零售商对每个经销商收取的费用可多可少，如果业务员与零售商客情关系好，也可能不需要任何费用。如果这笔费用由经销商老板承担，那就没有一个业务员愿意花心思去降低店内杂费了。

因此，店内杂费必须由业务员承担！经销商老板要做的，就是制定店内杂费的管理制度。下面，看看某经销商制定的店内杂费管理政策。

案例　某商贸企业的店内杂费管理制度

所有店内杂费由业务员承担，从业务员的利润中扣除，公司不承担任何店内杂费，店内杂费的支付时间、支付方式和支付数量均由业务员自己控制。

这个制度的出台，代表着经销商再也不需要管这些扯不清的事了，实际上，经销商老板也管不了店内杂费。

表 4-14 是某经销商半年内在 56 家现代渠道完成 2 230 万元销售额的情况下，产生的费用明细。

表 4-14 现代渠道 1—6 月业务员的费用明细

渠道	业务员	工资	应收款利息	促销员费用	返利与补差	陈列费	店内杂费	合计
现代渠道	××	38 874	36 734	205 546	32 418	152 929	8 772	475 273
现代渠道	××	5 552	44 522	178 977	200	148 230	18 545	396 026
现代渠道	××	11 187	49				6	11 241
现代渠道	××	47 909	72 314	329 968	88 001	329 246	37 183	904 620
现代渠道	××	41 240	27 274	103 998	950	76 000	6 696	256 158
现代渠道	××	50 444	52 264	129 243		99 165	13 021	344 137
金额合计		195 207	233 157	947 732	121 568	805 569	84 222	2 387 455
费用占比		8%	10%	40%	5%	34%	3%	100%

表 4-14 中的数据，在本案例中，由 6 个现代渠道业务员在 56 家现代渠道客户中，在 6 个月内产生。进一步分析见表 4-15。

表 4-15 平均每店每个业务员产生的店内杂费

项目	6 个月店内杂费	平均每店每月店内杂费	平均每个业务员每月产生的店内杂费
金额	84 222 元	250 元 / 店·月	2 340 元

因此，在毛利率非常低的行业，经销商只有把每个业务员都培养成为费用控制的高手，经销商才能有利润，业务员的收入才能提升。

降低店内杂费的技巧，主要靠业务员与零售商搞好客情关系，如每年春节业务员主动给零售商老板拜年、旅游时给他们带礼物、送自己家乡的土特产，或者平时请他们喝茶、郊游，甚至认他们为干爹干妈等。

六、返利与补差

作者梅明平对经销商说

如果通过依靠给零售商返利来提高零售商的积极性，那还要业务员干什么？如果每一场特价促销活动都需要给零售商补差，那经销商如何盈利？

在销售提成制的薪酬制度下，业务员是不愿意控制返利和补差的。因为，返利是经销商老板出，与业务员没有关系，通过给零售商更多的返利可以提高自己的销量，从而获得更多的销售提成；补差也是经销商老板出，通过积极给零售商补差，业务员可以搞好与零售商的关系，让其多拿货。

因此，要控制返利与补差，首先必须改变薪酬制度，将销售提成制改为利润分红制。同时，将返利与补差作为业务员的费用，从业务员创造的利润中扣除。只有这样，经销商老板才能高枕无忧。

经销商如何减少给零售商的返利与补差？如何将返利与补差降为零？

返利与补差占现代渠道总费用的 5% 左右。

返利与补差由谁承担？这也是现代渠道中一个很重要的问题。由厂家承担吗？可能会，但更可能不会！由经销商承担吗？如果由经销商承担，最后发现这些返利与补差很难控制，会侵占经销商的经营利润。怎么办？

最合适的承担者还是业务员！

先说说补差。

补差，又称为经销商给零售商的库存补差，或者叫扣补，是经销商在给卖场做特价促销活动时，对零售商现有的库存商品（按照原有进货价）进行的差价补偿。

例如，某商品零售商从经销商处的正常进货价为 10 元 / 件，正常零售价为 13 元 / 件，目前零售商库存 300 件。正逢国庆节，经销商对该商品做特价促销，零售商的进货价变为 8 元 / 件，促销零售价为 9.5 元 / 件，见表 4-16。

表 4-16　经销商促销前后进货价与促销价的比较

进货场景	零售商进货价	零售商销售价	利差	零售商现有库存
正常情况下	10 元 / 件	13 元 / 件	3 元 / 件	300 件
促销期间	8 元 / 件	9.5 元 / 件	1.5 元 / 件	—
差价	2 元 / 件	3.5 元 / 件	—	—

问题是，零售商有库存，促销期间暂时不会进货，而库存商品的进货价格 10 元 / 件比促销期间进货价 8 元 / 件高出 2 元 / 件，原有进货价 10 元 / 件比促销零售商 9.5 元 / 件高 0.5 元 / 件，如果零售商按照 9.5 元 / 件销售，每件亏 0.5 元，零售商是不会这样卖的。因此，经销商就需要对零售商原有的库存进行补差，以保证零售商的利益。

那么，经销商怎么给零售商补差呢？这里面很有学问。下面分析一下，见表4-17。

表4-17 经销商给零售商的4种补差方案比较

选项	补差方式		补差金额	
方案1	按目前库存数量补差	零售补差	300件×（13-9.5）元/件	1 050元
方案2		库存补差	300件÷（10-8）元/件	600元
方案3	假设实际销售200件，按200件补差	零售补差	200件×（13-9.5）元/件	700元
方案4		库存补差	200件÷（10-8）元/件	400元

从以上方案可以看出，选择方案4进行补差对经销商最有利。但是，这不是经销商的业务员能决定的。选择哪个方案进行补差，受以下4个因素的影响。

1. 经销商的业务员懂不懂？如果业务员不懂补差政策与不同补差方案所带来的不同效果那怎么谈？零售商怎么说怎么做，业务员就只能照单全收。

2. 经销商经营的品牌大不大？品牌大才有议价权。

3. 会不会谈判？这个要看经销商业务员的谈判水平，谈得好就按你的方案来，谈得不好，零售商凭什么听你的？

4. 客情关系好不好？如果以上4种方式选哪个都可以，都不违反零售商方面的相关规定，那么，最终采用哪个方案由零售商决定。如果客情关系好，而且零售商觉得划算，就会按你的建议来。如果你和零售商关系一般，零售商当然要以自身的利益为先。

库存补差的金额确定后，接下来就是怎么补的问题了，这也是很有讲究的。是用货补还是从货款中扣除？你觉得怎么补对自己最有利呢?

关于库存补差的问题，你明白了吗? 降低库存补差不是简单的请客送礼就能做到的，说到底还是需要懂点专业知识的。

接下来再来谈谈返利。这里所说的返利，是经销商给零售商的返利，包括经销商给现代渠道和传统渠道的返利。这里着重讲经销商给现代渠道的返利，因为经销商给传统渠道的返利，多是经销商主动的、自愿的、有目的的，如把某个传统零售商从竞争对手处挖过来而给予的额外返利。而现代渠道的返利，多数是现代渠道强加给经销商的、被动的。因此，需要业务员通过有效的谈判尽量减少给现代渠道的返利。

零售商给现代渠道的返利，有以下两种。

一是有条件返利。有条件返利是指零售商在某一特定时间内实现一定销售额，或完成一定销售数量、达到一定效果等，在有前提的情况下，由经销商给付的返利扣点。有条件返利是机动的，如果零售商没有达到指定条件，经销商可以不给返利。

二是无条件返利。无条件返利是指不论销售额多少（或其他条件完成如何）都一定要给的返利，属于硬性支付指标。按照惯例，零售商与供应商（指经销商和厂家）谈全年总合同时，双方会制定一个“目标销售额”。零售商将按照“目标销售额”乘以一个百分比来收取返利或称促销服务费，不论在这一年中实际销售额是否真正达到了目标销售额。也就是说，不管你全年任务是否完成，零售商都会按照目标销售额将返利扣除，这就是无条件返利。零售商返利标准参考见表 4-18。

表 4-18 零售商返利标准参考

渠道类型	无条件返利	有条件返利
大卖场	不得超过 3%	不得超过 2%
连锁超市	不得超过 2%	不得超过 2%
连锁便利店	不得超过 2%	不得超过 2%
单店 KA	不得超过 2%	不得超过 1%

作为经销商的业务员，在与零售商进行返利谈判时，要控制返利总额不得超过一定的百分比，如 5%，尽量降低无条件返利百分比，用有挑战的、有条件的返利来交换。

顺便说一句，即使是现在，也有很多经销商的卖场合同返利是由经销商自己出的，这样，3% 的合同返利与业务员没有一毛钱关系，业务员只关心卖一件产品赚多少钱。当合同返利由业务员负责后，业务员想不想把 3% 变成 2% 甚至 1.8%？库存补差也一样，如果库存补差的费用由业务员负责，那么业务员会不会想办法做到尽量少补或不补差？

最后，作为经销商老板，在控制返利和库存补差时要做到两点，以进一步减少不合规的返利和补差。

一是针对库存补差，在与零售商对账时，要冲减发生的差价，零售商必须提供相应的原始对账单。

二是针对返利，要标清返利率、对应销售额和销售期间，必须有明文约定返利条款的知会函或合同。

七、退换货费用

作者梅明平对经销商说

退换货是每个经销商的心病。造成退换货的原因很多，但主要是由于业务员人为造成的。

在对业务员实行销售提成制的情况下，经销商要管理好退换货是非常困难的。因为，业务员为了获得更多的销售提成，就需要有更多的销量。为了实现更多的销量，就会给零售商更多地压货，该进的不该进的货，统统压给零售商。零售商卖不动或者进错了货，或者积压时间长成为临期品，就会发生退换货。

因此，要管理好退换货及其产生的费用，就必须改革对业务员的薪酬制度，从提成制改为利润分红制，采用增值型薪酬制度。

将退换货费用全部归由业务员承担，从业务员创造的利润中扣除。这样，业务员才会从源头开始控制退换货的现象，帮助零售商选货、快进快销。

退换货是吞噬经销商利润的巨大黑洞，对保质期短的商品来说尤为如此。有一位参加我公开课的经销商老板告诉我，他3个月前投资50万元接手了国内一个很有名的食品品牌，本以为可以大赚一笔，但当他在市场上走了一圈后，懵了！为什么？因为很多零售商要退货，这些货都是前任经销商压给零售商的，而且零售商说，如果他不收回这些临期品，他们就不从他的手中进货。他计算了一下，要收回这些临期品至少得花费 20 万元。最令他伤心的是，当他把这些情况上报给厂家后，得到的回复是厂家不接受退换货，由他自己处理。一下子，这位经销商发现还没开始经营，自己就掉坑里了。

再说说业务员。实际上，零售商的很多退换货，都与业务员有关。

首先，业务员压货导致的退换货。业务员为了拿销售提成，往往会通过赊销大量压货给零售商，这在快速消费品行业很普遍。而在快速消费品行业还有一个很普遍的现象，那就是一到年底就出现业务员的辞职高峰。为什么呢？因为通过赊销压的货，业务员要面临零售商退货、追回应收账款的问题。这两个问题都是难题，所以业务员会选择在年底辞职，一走了之。

其次，由于业务员不研究零售商的产品销售结构而出现的退换货。如果业务员不对零售商的产品销售结构进行研究，就会出现产品积压而导致的退换货问题。以食用油为例，从产品规格来看，有的零售商是 5L 装的卖得好，有的零售商是 1.8L 装的卖得好。从产品品类来看，有的零售商是调和油卖得好，有的零售商是葵花籽油卖得好。作为业务员，一定要分析零售商的产品销售结构，从而推荐适合该零售商的产品。

最后，由于业务员不研究零售商的销售周期、同期销售额和当年的增长比例而出现的退换货。例如，某零售商去年 3 月销售额为 3 万元，今年的增长比例为 20%，那么，该经销商今年 3 月的销售额为 3.6 万元就比较正常，多了就会出现产品积压。如果该零售商每个月进货3次，每次进货1.2万元就比较合适。

因此，一名优秀的业务员，要对每个零售商的销售情况了如指掌，才能给零售商合理的进货建议，在使零售商获得较高利润的同时减少退换货。

因此，在利润薄如纸的今天，经销商要想赚钱，就必须堵住退换货的漏洞。每笔退换货，都会产生以下3种费用：

- 不能再次销售的货，成为废品，除了造成100%的价格损失，还增加了返货物流费；
- 能再次销售的货，但由于保质期临近，需要打折，造成折扣损失，增加返货物流费；
- 即使能二次不打折销售的货，也会产生退换货的物流费。

如何减少退换货及退换货造成的利润损失，一直以来，都是摆在经销商面前的难题，每个经销商老板都在想办法，但收效甚微。

怎么办？有一位经销商老板在管理退换货方面很有经验，下面来看一下他是怎么管理退换货的。

案例 某经销商退换货管理制度

一、退货处理制度

1. 处理期限：退货放到业务员的个人货位，要求在30天内处理完毕。

2．限期未处理：在30天该业务员未处理的货，按进货价8.5折从业务员的工资中扣除。

3．业务员离职：销售经理将市场上不能正常销售的货拉回，由业务员本人处理。

4．无主返货：所有没有责任人的返货，全部由销售经理负责。

5．空返空退：账期客户空返空退的未到货位的货物，低于成本价部分在业务员工资中扣除。

二、返货物流费制度

1．业务员同意的返货，由业务员承担。

2．业务员不同意的返货，由该批返货司机承担。

三、返货流程

1．业务员：

（1）选择自己的货位；

（2）在返货前一天打预退货票，没有预退货票的，每单罚款5元（罚审票员）；

（3）标明退货原因，没有标注的，每单罚款5元（罚审票员）。

2．返货司机：

（1）拿预退货票返货，不拿的，每单罚款5元；

（2）按照标注的原因、品类返货。

3．仓库整理员：

（1）负责退货返货的商品清理工作；

（2）负责对退货按照能否继续正常销售进行分类；

（3）督促业务员在30天内将退货出库！

这样的退换货管理制度，可谓相当严格了。经销商老板不承担任何退换货费用，所有的退换货物流费用全部由业务员、销售经理和物流司机承担；所有不能二次销售的退换货，全部由业务员自己购买；所有能够二次销售的退换货，损失的利润由业务员承担。

可想而知，该退换货管理制度一出台，会遭到所有业务员和销售经理的反对。亲爱的经销商朋友，你敢出台这样的退换货管理制度吗？如果你不敢出台这样的退换货管理制度，那么如何管理退换货呢？

现在这个时代，靠利差已经很难赚钱了，因为利差已经薄如纸了。只能靠管理出效益，靠严格的管理制度，堵住一个个利润黑洞，经销商才有未来。因此，要想赚钱，经销商就要有霸气，要敢打敢冲，敢于出台严格管控员工的制度。利润是管出来的，不是从天上掉下来的。

表4-19是某经销商的日返货物流费明细表。这个表格每天会发到公司的员工微信群中，方便每个业务员、销售经理了解自己的返货物流费情况。

表 4-19 某经销商 2 月 28 日返货物流费明细表

行号	日期	单据	编号	返货费	返货摘要	制单	退货费标准
1	2 月 28 日	付款单	406008	0.10 元	返货 – × × 超市 –1 月 8 日 – 商品过期 –0.0015 吨		67.0 元 / 吨
2	2 月 28 日	付款单	406006	0.71 元	返货 – × × 南店 –1 月 8 日 – 临近过期 –0.015 吨		47.6 元 / 吨
3	2 月 28 日	付款单	402004	4.17 元	返货 – × × 店 –1 月 8 日 – 临近过期 –0.05 吨		83.3 元 / 吨
4	2 月 28 日	付款单	406007	0.78 元	返货 – × × 超市 –1 月 8 日 – 店里不要 –0.009 吨		87.0 元 / 吨
5	2 月 28 日	付款单	406007	9.97 元	返货 – × × 超市 –1 月 8 日 – 店里不要 –0.11 吨		90.6 元 / 吨
合计				15.73 元	0.1855 吨		84.8 元 / 吨

接下来，看看该经销商实行以上制度后，业务员承担的返货物流费情况，见表 4-20。

表 4-20 某经销商 1—6 月返货物流费统计表

排名	业务员	单据金额
1	田 × ×	936.00
2	陈 × ×	925.03
3	周 × ×	917.87
4	陈 × ×	902.10
5	孔 × ×	890.21
6	杨 × ×	820.37
7	刘 × ×	723.12
8	王 × ×	643.23
9	刘 × ×	553.98
10	吴 × ×	550.34
11	高 × ×	540.29

续表

排名	业务员	单据金额
12	毛××	532.15
13	宋××	512.23
14	李××	500.09
15	郭××	302.21
16	梅××	123.33
17	黄××	88.97
18	孙××	82.10
19	周××	34.78
20	郑××	22.22
合计		10 600.62
1—6 月平均每人返货物流费		530.03
平均每人每月返货物流费		88.34

从表 4-20 可以看出，每个业务员每月平均承担的返货物流费为 88.34 元。虽然不多，但这个制度会让业务员想办法减少零售商的返货情况，帮助经销商大大减少退换货损失、增加利润。

作者梅明平对经销商说

亲爱的读者，你有没有发现，以上七大销售费用都是由业务员主导的。只有把这些费用交给业务员负责，充分激发一线业务员降本增效的积极性，才能把利润一分一分地抠出来，让投入的费用发挥最大的效益。下面，我们针对七大销售费用做一个总结。

关于业务员费用。提高业务员费用投入的性价比，首先从薪酬制度改革开始。将业务员的薪酬制度从销售提成制改为利润分红制，这是一场薪酬革命。利润分红制对业务员提出了更高的要求，只有具备老板盈利思维的业务员，才能获得更高的收入。

关于促销员费用。促销员是由业务员直接管理的，招募什么样的促销员，如何提高促销员的推销能力，都与业务员息息相关。只有将促销员的费用与业务员的利益挂钩，业务员才能招募到最好的促销员并严格管理好促销员，使每一位促销员实现最好的促销效果。

关于陈列费用。何时陈列、如何陈列、陈列费用多少，这些都是需要经销商的业务员与卖场进行沟通的，沟通的结果差别会很大。只有将这些费用与业务员的利益挂钩，业务员才能上心去做，达到陈列费用最小化，陈列效果最大化。

关于店内杂费。店内有很多零零碎碎的费用如赞助费、水电费、广告费、手续费等需要摊派给经销商，这些费用可多可少，需要与零售商不断交涉与沟通，要花很多时间和精力。如果这些费用由经销商老板负责，那么业务员就会多一事不如少一事，而经销商老板没有这么多的时间和精力花在这上面，其结果就是费用越来越高。怎么办？还是由业务员负责，使店内杂费与业务员的利益挂钩，因为只有业务员才有时间与零售商去磨。

关于返利与补差。给零售商的返利多少，是谈出来的。特价促销活动期间，给零售商现有按正常价进货的库存商品的价格补差，也是需要双方沟通的。返利与补差都是可多可少的项目，谈得好可能一分不出，谈得不好可能成为“冤大头”。如果这些费用由经销商老板出，就不能挖掘业务员的谈判潜能，经销商的利润也就一分一分地被吞噬。所以，返利与补差必须交给业务员处理，并与业务员的利润分红挂钩。

关于应收账款利息。经销商是靠资金周转赚钱的，如果无法有效管理应收账款，就会给经销商带来生存危机。因为无论你有多少钱，都会被别人占用，成为应收账款、呆死账，最终破产。经销商的钱往往被零售商和厂家占用——业务员把商品赊销给零售商而被零售商占用，经销商帮厂家垫付各种费用如进场费、陈列费等而被厂家占用。被零售商占用的应收账款利息，只有让业务员来承担，并与业务员的分红挂钩，才能减少赊销导致的应收账款及其利息。被厂家占用的应收账款，需要通过即时报销来减少资金占用。

关于退换货费用。退换货在很大程度上是由业务员造成的。为了拿提成而拼命给零售商压货，不研究每个零售商的销售特点而盲目给零售商推荐商品。只有让退换货费用包括返货物流费都由业务员承担，即使准备离职的业务员，也要在离职前负责把零售商需要退回来的货处理掉，才能避免业务员钻制度的空子。使退换货费用和返货物流费与业务员的利润分红挂钩，才能达到减少退换货的目的。

亲爱的经销商老板，如果你能按照以上方法管理销售费用，相信你很快就能将利润提高 3~10 倍，享受丰厚利润带来的成就感。

经销商赚钱工具箱

在降低销售费用时，经销商要掌握以下 19 个要点。

1. 增值型薪酬制度。

2. 增值型薪酬构成。

3. 考勤工资。

4. 过程工资。

5. 结果工资。

6. 促销员费用。

7. 陈列费用。

8. 陈列费名目。

9. 应收账款。

10. 应收账款利息。

11. 5 种赊销后果。

12. 店内杂费。

13. 降低店内杂费的技巧。

14. 补差。

15. 4 种补差方案。

16. 影响补差方案的 4 个因素。

17. 返利。

18. 现代渠道的两种返利方案。

19. 每笔退换货产生的 3 种费用。

经销商赚钱行动计划

在降低销售费用时，经销商要立即开展以下 16 项工作。

1. 改革业务员薪酬制度，采用增值型薪酬制度。
2. 制定月度销售冠军奖励制度。
3. 制定月度销售团队竞赛奖励制度。
4. 制定订货会邀约客户奖励制度。
5. 制定促销员管理制度。
6. 及时向业务员通报厂家的促销员支持计划。
7. 陈列费用管理制度。
8. 及时向业务员通报厂家的陈列费用支持计划。
9. 业务员月度陈列规划。
10. 月度陈列规划汇总表。
11. 应收账款管理制度。
12. 在公司微信群发“日应收账款利息统计表”。
13. 在公司微信群发“日滞纳金统计表”。
14. 制定店内杂费管理制度。
15. 制定控制不合规返利和补差的方法。
16. 制定返货物流费管理制度。

第五章　物流费用

经销商痛点

1. 物流成本居高不下，始终无法降低。
2. 配送司机不紧不慢，看着就想发火。
3. 加油费、修理费、路桥费还有罚款，报不报都难受。
4. 装卸工、分拣工吃大锅饭，干活偷工减料。
5. 库存周转越来越慢，仓库货物积压成堆。
6. 仓库租金居高不下，成为吃利黑洞。

物流费用，是指在物品发生位移的过程中所耗费的各种资源的货币表现，是物品在位移过程中的各个环节所支出的人力、财力、物力的总和。

企业物流费用有很多种，按物流活动环节分，可分为运输费、包装费、装卸费、保管费、加工费等；按物流运作过程分，可分为企业物流活动的筹备费用、企业生产物流费用、销售物流费用和逆向物流费用等；按费用支付形式分，可分为直接物流费用和间接物流费用。直接物流费用由企业直接支付，间接物流费用是企业把物流活动委托给他人而支付给他人的物流费用。在企业的物流活动过程中，管理人员可以结合本企业的实际物流状况和企业注重的不同方面而采取不同的分类方法，其目的在于控制物流费用。

大部分经销商，最头痛、最扎心的就是物流费用。一想到配送司机慢悠悠地送货就心烦，每次面对车辆维修费和加油费节节攀升都忍不住纠结，是报还是不报？费用是真实的还是虚假的？有没有假公济私的情况？

现在，看一下某经销商的物流费用占经销商整个经营管理费用的比例。表 5-1 是该经销商十大经营管理费用占比一览表。

表 5-1　某经销商十大经营管理费用占比一览表

费用排行	费用项目	占总销售额比例	占总费用比例	在总费用中的累计占比
1	业务员工资	1.86%	23.3%	23.3%
2	促销员费用	1.18%	14.8%	38.1%
3	销售经理工资	0.99%	12.4%	50.4%

续表

费用排行	费用项目	占总销售额比例	占总费用比例	在总费用中的累计占比
4	物流费用	0.93%	11.6%	62.1%
5	税负	0.92%	11.5%	73.6%
6	库存商品资金占用利息	0.55%	6.9%	80.5%
7	仓储费用	0.53%	6.6%	87.1%
8	营销中心工资	0.46%	5.8%	92.8%
9	资金占用利息	0.37%	4.6%	97.4%
10	办公费	0.21%	2.6%	100.0%
合计		8.00%	100.0%	—

从表 5-1 可以看出，物流费用占整个经营管理费用的 11.6%，库存利息占 6.9%，仓储费用占 6.6%，这 3 项费用合计占比为 25.1%，相当于经销商经营管理费用的 1/4。如果从总销售额的占比来看，物流费用占 0.93%，库存商品资金占用利息占 0.55%，仓储费用占 0.53%，这 3 项费用合计占比为 2.01%，同样占经销商经营管理费用的 1/4。

下面，从仓储人员工资、配送费用、库存商品资金占用利息和仓库租金 4 个方面来分析如何降低物流费用。

一、仓储人员工资

作者梅明平对经销商说

在市场竞争越来越激烈、经销商利润越来越薄的情况下，降本增效是经销商获得利润的主要方式，其中，薪酬体制改革是降本增效的有效途径。通过薪酬体制改革，将经销商老板面临的各种压力转移到每个员工头上。面临市场压力，从以前只有老板一个人着急变成大家都着急，只有激发所有员工的潜能，企业才有生命力。因此，建议经销商外包便宜的项目如产品配送，能按工作量计算工资的岗位如装卸工、分拣工决不按天计算，能按日算工资的岗位如整理工、调度员决不采用固定月薪，能竞聘上岗的工作决不年年加工资。

按照阿米巴经营的精神，能够外包且便宜的项目就尽量外包，或者参照第三方提供相同服务的价格。因此，对于装卸工、分拣工、整理工、调度员等，可以采用外包的形式，或者采用类似于外包的形式确定他们的收入。

按照以上外包或近似外包的逻辑，可以对物流人员的薪酬总结为“十二字方针”，即“干活给钱、费用包干、按日计算”。

1．装卸工的工资

装卸工的工资需要改革，从固定工资制变为计量工资制，即按照装卸量计算工资。

现在测算一下公司需要多少名装卸工，每名装卸工年收入多少，与外包相比是否有竞争力。

如何核算装卸工人数及收入？

如果公司年装卸货物为 3 万吨，每名装卸工年装卸工作负荷为 7 500 吨，那么需要 4 名装卸工来完成年 3 万吨的装卸量。计算如下。

30 000 吨 / 年 ÷7 500 吨 / 年 · 人 = 4 人

按照装卸工目前的外包价格，一名装卸工的年收入在 4 万 ~ 4.5 万元。如果按吨计算，则装卸工每吨的价格为：

40 000 元 / 年 ÷7 500 吨 / 年 = 5.33 元 / 吨

45 000 元 / 年 ÷7 500 吨 / 年 = 6 元 / 吨

参考目前装卸工外包的年收入 4 万 ~ 4.5 万元，即每吨 5.33 ~ 6 元，公司确定一个有竞争力的价格，即按照每吨 6 元来计算搬运工的工资。装卸工的工资就可以这样制定了。

装卸工工资制度

- 底薪标准：零底薪。即采用类似于外包形式。
- 核算周期：按日核算。即干一天工作算一天工资，不干工作就没有工资。
- 计算依据：按吨计算。即装卸费按 6 元 / 吨计算。
- 损坏赔偿：由于卸货造成的损失由装卸工自己承担。

装卸工的工资制度制定好以后，就能预算年装卸费用总额了。

总装卸费用 = 30 000 吨 / 年 × 6 元 / 吨 = 180 000 元 / 年

平均每个装卸工年收入 = 180 000 元 / 年 ÷ 4 人 = 4.5 万元 / 年

以上是按吨计算的，也可以按件计算。如果年搬运货物量为

180 万件，按照每件 0.1 元搬运费计算，年搬运费就是 18 万元。

1 800 000 件 / 年 × 0.1 元 / 件 = 180 000 元 / 年

可以用同样的方法来计算需要多少搬运工，以及每个搬运工的搬运量和年收入。

2. 分拣工的工资

和装卸工一样，分拣工的工资也需要改革。现在测算一下公司需要多少名分拣工，每名分拣工年收入多少，与外包相比是否有竞争力。

如何核算分拣工人数及收入?

如果公司年装卸货物为 3 万吨，每名分拣工年装卸工作负荷为 1 万吨，那么需要 3 名分拣工来完成年 3 万吨的分拣量。

30 000 吨 / 年 ÷10 000 吨 / 年 · 人 =3 人

按照分拣工目前的外包价格，一名分拣工的年收入在 4.5 万 ~5 万元。如果按吨计算，则分拣工每吨的价格为 :

45 000 元 / 年 ÷10 000 吨 / 年 =4.5 元 / 吨

50 000 元 / 年 ÷10 000 吨 / 年 =5 元 / 吨

参考目前分拣工外包的年收入 4.5 万 ~5 万元，即每吨 4.5~5 元，公司确定一个有竞争力的价格，即按照每吨 5 元来计算分拣工的工资。分拣工的工资就这样制定了。

分拣工工资制度

● 底薪标准：零底薪。即采用类似于外包形式。

● 核算周期：按日核算。即干一天工作算一天工资，不干工作就没有工资。

● 计算依据：按吨计算。即平均分拣费按 5 元 / 吨计算。具体分拣费根据所分拣产品的特点进一步确定。

● 损坏赔偿：由于交付货物造成的损失如炸底、开叉车造成的损坏由分拣工承担。

分拣工的工资制度制定好以后，就能方便地预算年分拣费用总额了。

总分拣费用 = 30 000 吨 / 年 × 5 元 / 吨 = 150 000 元 / 年

平均每名分拣工年收入 = 150 000 元 / 年 ÷ 3 人 = 5 万元 / 年

以上是按吨计算的，也可以按件计算。如果年分拣货物量为 180 万件，按照分拣费每件 0.083 元计算，年分拣费就是 15 万元。

1 800 000 件 / 年 × 0.083 元 / 件 ≈ 150 000 元 / 年

可以用同样的方法来计算需要多少名分拣工，每名分拣工的分拣量和年收入。表 5-2 是某经销商 2019 年全年的分拣工工资。

表 5-2　某经销商 2019 年分拣工年收入统计

分拣人	送货线路	送货吨数（吨）	每吨价格（元）	分拣工资（元）
分拣工 1	零售	648.34	4	2 593.36
	线路 1	1 215.71	4	4 862.84
	线路 2	1 777.73	4	7 110.92
	线路 3	2 371.13	4	9 484.52
	线路 4	3 545.95	4	14 183.80
	线路 5	1 844.01	4	7 376.04
	线路 6	862.02	4	3 448.08
	线路 7	1 088.72	4	4 354.88
	小车线路	786.12	4	3 144.48
小计		14 139.73	4	56 558.92
分拣工 2 大店线路		6 173.92	8	49 391.36
	中百仓储	1 066.75	4	4 267.00
	团购	907.89	4	3 631.56
	路线 8	2 854.31	4	11 417.24
小计		11 002.87	6.2	68 707.16
合计		25 142.60	5	125 266.08

从表 5-2 可以看出，两名分拣工，年收入分别为 56 558.92 元、68 707.16 元，比外面的年收入行情 4.5 万 ~5 万元要高，具备竞争力。另外，平均分拣费是每吨 5 元，但具体到不同线路分拣费不一样，大店线为每吨 8 元，其他线路为每吨 4 元。

3. 整理工的工资

整理工主要负责对仓库的货物进行整理，包括按照标准清点（收付）、当日返货次日清理、业务员的退货位商品存放不超过 31 天、保质期临近的商品整理、确保批号的准确性等。

整理工不能像装卸工、分拣工一样按吨、按件计算，其工作主要是在仓库对库存商品进行整理，尤其是对残次商品的整理，与工作时长有关系。因此，整理工的工资应按天计算。

经过调研发现，目前市场上整理工的工资标准为每天100~120元。公司目前只需要1名整理工。公司确定一个有竞争力的工资标准，即按照每天120元计算工资，每个月工作26天。整理工的工资制度就可以这样制定了。

整理工工资制度

- 底薪标准：零底薪。即采用类似于外包形式。
- 核算周期：按日核算。即干一天工作算一天工资，不干工作就没有工资。
- 计算依据：按天计算。即按120元/天计算工资。

整理工的工资制度制定好以后，就能方便地预算年整理工的工资总额了。

整理工工资=12个月/年×26天/月×120元/天=37 440元/年

由此可知，须聘请的整理工的年收入为3.744万元。

4. 调度员的工资

调度员的工资不能像装卸工、分拣工一样按吨、按件计算，而是和整理工一样，与工作时长有关系。因此，调度员的工资也应按天计算。

经过调研发现，目前市场上整理工的工资标准为每天 150~180 元。公司目前只需要 1 名调度员。公司确定一个有竞争力的工资标准，即按照每天 180 元计算工资，每个月工作 26 天。调度员的工资制度就可以这样制定了。

调度员工资制度

- 底薪标准：零底薪。即采用类似于外包形式。
- 核算周期：按日核算。即干一天工作算一天工资，不干工作就没有工资。
- 计算依据：按天计算。即按 180 元 / 天计算工资。

调度员的工资制度制定好以后，就能方便地预算年调度员的工资总额。

调度员工资 = 12 个月 / 年 × 26 天 / 月 × 180 元 / 天 = 56 160 元 / 年

由此可知，须聘请的调度员的年收入为 5.616 万元。

二、配送费用

作者梅明平对经销商说

按照商贸企业总销售额的占比计算，配送费占 0.93%；按照总经营管理费用占比计算，配送费占 11.6%，是相当大的一笔费用。因此，需要对配送费进行严格管理。

配送费用的高低与配送司机有关。别小看送货司机，管理得好，他送货跑得比兔子还快，配送费效益高；管理不好，你就得叫他“爷”，要动不动，配送费效益低。

拿固定工资的配送司机很难管理！不仅配送费用高，服务质量也差。例如，不按路线和时间送货，导致客户、业务员投诉；偷自己配送的货物或礼品；使唤不动，业务员给好处才干。

配送司机不仅代表经销商的形象，还要送货及时、服务好、态度好。这些都与配送司机的薪酬制度有关！管理好配送费用，必须从改革薪酬制度开始。

制定配送司机的薪酬是一个棘手的问题，制定不好的话，不仅无法实现较好的配送服务，还会产生很多额外费用，如加油费、维修费、交通罚款等。

现在来测算一下公司需要多少辆车，每辆车年花费多少，与外包相比是否有竞争力。

如何核算配送车辆数量及费用?

如果公司年配送货物为 3 万吨，每辆车每天可以运送 5 吨，那么需要 16 辆车来完成年 3 万吨的配送量。计算如下。

（30 000 吨 / 年 ÷365 天 / 年）÷ 5 吨 / 天 · 车 = 16.4 辆车

目前，配送车的外包价格是按送货公里数确定的，一般情况下的标准为：

- 30~50 公里：45~50 元 / 吨；
- 50~100 公里：60~70 元 / 吨；
- 100 公里以上：80~90 元 / 吨；
- 现代渠道（KA）及二（级）批（发）客户：45~50 元 / 吨。

根据公司的配送情况，确定按照平均 70 元 / 吨计算外包价格。那么，一辆配送车的年度费用为 127 750 元，计算如下。

70 元 / 吨 × 5 吨 / 天 × 365 天 / 年 = 127 750 元

公司需要支付的年度配送费为 210 万元，计算如下。

70 元 / 吨 × 30 000 吨 / 年 = 2 100 000 元 / 年

配送司机的工资就可以这样制定了。

配送司机工资与管理制度

- 底薪标准：零底薪。即采用类似于外包形式。

- 核算周期：按日核算。即干一天工作算一天工资，不干工作就没有工资。

- 计算依据：按吨计算。30~50 公里：50 元 / 吨；50~100 公里：70 元 / 吨；100 公里以上：90 元 / 吨。

- 费用包含：工资、加油费、修理费、罚款、折旧、保险、检车手续费等 7 项。

- 公司车：如果是租用的经销商的车，每天需要上交 48 元，用于折旧、保险、检车手续费。

- 年终奖：根据配送司机的合作年限确定年终奖励。合作 2 年内的每吨奖励 2 元，3~4 年的每吨奖励 3 元，5 年以上的每吨奖励 5 元。

- 返货物流费：不拿预退货票罚款 10 元 / 单，业务员不同意的返货物流费由配送司机自己承担。
- 送货规定：不按送货地点、卸货地点、时间要求送货的，每次罚款 500 元。
- 滞纳金：司机收款不上交，占用公司货款，每天收 10% 的滞纳金。

以上工资与管理制度，把配送司机经常出现的问题基本上全部解决了！不按时送货？罚款！不按照配送地点送货？罚款！不及时上交货款？罚款！修理费、加油费、交通罚款还想虚报吗？自己承包！有货不送吗？没工资！

通过制定以上配送司机工资制度，经销商老板再也不用担心司机的服务态度、加油费、修理费、罚款、不及时上交货款等让人烦心的事了。因为，车辆使用费都包含在工资里了。怎么选择送货路线，怎么遵守交通规则，怎么维修，怎么加油，全是司机自己的事情。如果是租用的经销商老板的车，司机每天还得向经销商交 48 元租金，用于该车的折旧、保险和年检。

以前的配送司机经常出现的问题，如中午在车上睡大觉、送货慢吞吞、多报维修费等情况，一旦采用以上类似外包的方式，你会惊奇地发现，司机完全像变了一个人，中午也不困了，送货跑得比谁都快。经销商的车辆使用费也明显降低了。

三、库存商品利息

作者梅明平对经销商说

库存商品利息与商品周转率有关。商品周转率越高，占用资金就越少；反之，就越多。经销商老板要想减少库存商品利息，提高商品周转率是最重要的手段。

库存商品是要占用资金的，所以需要支付资金占用利息。

库存商品占用资金的多少，与年周转率和利率有关。假设年利率为 8% 是固定的，那么，周转率越高，占用的资金越少。

例如，年销售额是 3.5 亿元，从厂家的进货成本是 3 亿元，那么计算库存商品利息时，库存商品占用资金就要按照 3 亿元计算。因为，经销商的资金占用是按照从厂家的进货成本计算的，不是按照销售额计算的。

如果一年只周转 1 次，那么，期初库存就需要 3 亿元，期末库存就变成零，库存商品平均占用资金为 1.5 亿元，计算公式如下。

库存商品占用资金 =（期初库存 + 期末库存）÷ 2

=（3 亿元 + 0）÷ 2

= 1.5 亿元

如果按照年利率 8% 计算，库存商品利息就是 1 200 万元（1.5 亿元 × 8%）。对于毛利率比较低如只有 12% 的商品来说，这样的库存商品利息就高了。如果按照年销售额 3.5 亿元计算，那么，库存商品利息占总销售额的 3.4%，计算如下。

1 200 万元 ÷ 3.5 亿元 = 3.4%

对于像快速消费品这样毛利率低的商品来说，资金占用利息占比控制在 1% 以下比较合理。3.4%，这么高，怎么办？只有加快资金周转速度，才能减少资金占用利息。

如果一年周转 2 次，相当于半年进货一次，每次进 1.5 亿元的货，一年进货就是 3 亿元。那么，期初库存为 1.5 亿元，期末库存也变成零，则库存商品平均占用资金为 7 500 万元，计算如下。

库存商品占用资金 =（期初库存 + 期末库存）÷2

=（1.5 亿元 + 0）÷2

= 0.75 亿元

如果按照年利率 8% 计算，库存商品利息就是 600 万元。多周转一次，资金占用就少一半。所以，经销商应加快商品周转。如果按照年销售额 3.5 亿元计算，在周转 2 次的情况下，库存商品资金占用利息占总销售额的比例就会下降到 1.7%。计算如下。

600 万元 ÷ 3.5 亿元 = 1.7%

下面，看一看年进货成本为 3 亿元（年销售额 3.5 亿元）的情况下，通过提高商品周转率，库存商品利息的变化情况见表 5-3。

表 5-3　年周转率与库存商品利息明细表

年周转次数	期初库存商品	期末库存商品	平均库存	年利率	库存商品利息	费用占比
1	300 000 000	0	150 000 000	8%	12 000 000	3.43%
2	150 000 000	0	75 000 000	8%	6 000 000	1.71%
3	100 000 000	0	50 000 000	8%	4 000 000	1.14%
4	75 000 000	0	37 500 000	8%	3 000 000	0.86%
5	60 000 000	0	30 000 000	8%	2 400 000	0.69%
6	50 000 000	0	25 000 000	8%	2 000 000	0.57%
7	42 857 143	0	21 428 571	8%	1 714 286	0.49%
8	37 500 000	0	18 750 000	8%	1 500 000	0.43%
9	33 333 333	0	16 666 667	8%	1 333 333	0.38%
10	30 000 000	0	15 000 000	8%	1 200 000	0.34%
11	27 272 727	0	13 636 364	8%	1 090 909	0.31%
12	25 000 000	0	12 500 000	8%	1 000 000	0.29%
13	23 076 923	0	11 538 462	8%	923 077	0.26%
14	21 428 571	0	10 714 286	8%	857 143	0.24%
15	20 000 000	0	10 000 000	8%	800 000	0.23%
16	18 750 000	0	9 375 000	8%	750 000	0.21%

从表 5-3 可以看出，年周转 1 次需要支付 1 200 万元的库存商品利息，而年周转 16 次只需要支付 75 万元的库存商品利息，两者相差 16 倍。

由此可以看出，经销商要盈利，不能仅仅考虑提高销售额，而加快商品周转，赚周转的钱，也是非常重要的。

四、仓库租金

作者梅明平对经销商说

降低仓库租金，与降低库存商品利息一样，最好的方法就是提高商品周转率。周转率越高，需要的仓库面积就越小，仓库租金也就越少。

按照商贸企业总销售额的占比计算，仓储费用占 0.53%；按照总经营管理费用的占比计算，仓储费用占到 6.6%，是相当大的一笔费用，其中，仓库租金是仓储费用中占比很大的一部分。因此，需要尽量降低仓库租金，节省费用。

假设年销量 3 万吨需要租赁 1 万平方米的仓库。目前，市场上仓库租金每月为 12~35 元 /m^2，假设我们选择的就是租金为 12.5 元 / m^2 · 月的仓库，那么，每平方米一年的租金就是 150 元，计算如下。

12.5 元 /m^2 · 月 × 12 月 / 年 = 150 元 / 年

1 万平方米的仓库租一年就是 150 万元，计算如下。

10 000m^2 × 150 元 / 年 = 150 万元 / 年

如果年销量为 3 万吨，一年需要支付 150 万元仓库租金，那么，每吨的仓库租金一年就是 50 元，计算如下。

150 万元 / 年 ÷ 3 万吨 / 年 = 50 元 / 吨

最后，总结一下物流费用，见表 5-4。

表 5-4　某经销商的物流费用明细表

项目	计费标准	计算依据	年总费用	配备	年平均	月平均
装卸工	6 元 / 吨	30 000 吨 / 年	18 万元	4 人	4.5 万元	3 750 元
分拣工	5 元 / 吨	30 000 吨 / 年	15 万元	3 人	5.0 万元	4 167 元
整理工	120 元 / 天	26 天 / 月	3.744 万元	1 人	3.744 万元	3 120 元
调度员	180 元 / 天	26 天 / 月	5.616 万元	1 人	5.616 万元	4 680 元
配送司机（车辆）	70 元 / 吨	30 000 吨 / 年	210 万元	16 辆	13.125 万元	10 940 元
仓库租金	12.5 元 /m^2·月	10 000m^2	150 万元	—	150 万元	12.5 万元
库存商品资金占用利息	8%	8 次 / 年	150 万元	—	150 万元	12.5 万元
合计			552.36 万元	—	—	—

根据表 5-4，可以制定出物流费用占比排行榜，见表 5-5。

表 5-5　年度物流费用占比排行榜

排行榜	物流费项目	年总费用	费用占比	累计费用占比
1	配送司机（车辆）	210 万元	38.02%	38.02%
2	仓库租金	150 万元	27.16%	65.17%
3	库存商品资金占用利息	150 万元	27.16%	92.33%
4	装卸工	18 万元	3.26%	95.59%
5	分拣工	15 万元	2.72%	98.31%
6	调度员	5.616 万元	1.02%	99.32%
7	整理工	3.744 万元	0.68%	100.00%
合计		552.36 万元	100%	—

从表 5-5 可以看出，物流费用主要包括配送司机（车辆）费、仓库租金和库存商品利息三项费用。这三项费用占物流费用的 92.33%。经销商老板要十分注意这三项费用。

作者梅明平对经销商说

如何降低配送费用？通过外包或类似于外包的形式，严格控制配送费用。按照距离远近、商品特性确定每吨或每件商品的配送费，这个配送费包括车辆加油费、维修费、交通罚款、年检、保险费、车辆折旧费，以及配送司机的劳务费。如果是租赁的经销商的车，每天还须上交48元租赁费。

关于降低仓库租金。大多数情况下，经销商的仓库都是自己的，只有在极少的情况下，经销商需要租赁第三方的仓库。经销商在保证自己商品库存所需面积足够的情况下，可以把多余的仓库面积租出去以节省仓库租金。经销商还可以采用提高商品周转率的方法，减小仓库面积，把多余的仓库租出去，以达到减少仓库费用的目的。

关于降低库存商品资金占用利息。在资金占用利率固定的情况下，最好的方法就是提高商品周转率，减少资金占用，从而达到降低库存商品资金占用利息的目的。

经销商赚钱工具箱

为了降低物流费用，经销商要掌握以下4个要点。

1. 物流人员薪酬十二字方针。

2. 核算装卸工人数及费用。

3. 核算分拣工人数及费用。

4. 核算配送司机（车辆）数量及费用。

经销商赚钱行动计划

为了降低物流费用，经销商要立即开展以下 6 项工作。

1. 制定装卸工工资制度。

2. 制定分拣工工资制度。

3. 制定整理工工资制度。

4. 制定调度员工资制度。

5. 制定配送司机工资与管理制度。

6. 制定库存商品周转率标准。

第六章　厂家投入

经销商痛点

1 合作厂家太多，没空研究厂家政策，再好的优惠政策也无法利用。

2 不琢磨厂家的返利政策，浪费了许多增利的机会。

3 获得厂家返利但比率低，导致经营成本比同行高。

4 进货折扣想都没想过，可积累的点滴利润失去太多。

5 采购成本高低没有标准，采购员常大手大脚地进货。

6 厂家月月出台促销政策，想到要垫付费用心就烦。

7 一朝被蛇咬十年怕井绳，厂家再好的政策也不用。

8 得不到厂家人财物投入，想赚大钱难于上青天！

针对经营利润极低的产品如名牌快速消费品，经销商只有获得厂家更多的折扣、返利和销售支持，才能生存下去，否则，一年忙到头，表面上有 8 000 万元的销售额，实际利润是零甚至是负数。

现在，越来越多经销名牌产品的经销商放弃与名牌产品的厂家合作，这是因为，一方面，厂家有较高的销售任务要求，经销商如果完不成任务就拿不到厂家返利；另一方面，经销商需要为厂家垫付很多费用，而这些费用报销周期长，占用了经销商的资金，对经营资金本来就较少的经销商的影响更大。

因此，经销商必须好好研究厂家的各种返利与支持政策，尽可能多地获得厂家的费用支持，以降低经营成本，提高利润。

一、厂家返利

作者梅明平对经销商说

厂家返利是经销商的主要收入来源，如果利用得好，厂家返利甚至可以大于经销商自己的经营利润。但是，许多经销商尤其是快速消费品经销商，他们很少研究厂家的返利政策，也很少利用厂家的返利政策增加自己的收入。

现阶段，经销商尤其是快速消费品经销商，如果不好好利用厂家的支持政策是很难经营下去的。通常，厂家的支持内容包括陈列费、进场费、端头费、促销员补贴、销售返利等。在经营活动中，如果不能有效利用厂家的费用支持政策，经销商就很难提升销量；不能获得厂家的返利就很难有较好的经营收入。但是，许多经销商不知道这一点。

厂家返利，是指厂家根据经销商完成销售任务或销售额的高低，按照月度、季度或年度给予的销售折扣。

为什么要重视厂家的返利？因为，通过获得厂家返利，可以降低经销商的进货成本。微利时代，在经销商自己的经营利润只有 1% 的情况下，能够额外获得厂家 2% 的返利，相当于利润增加了 2 倍。有时，厂家的返利比经销商自己的经营利润还高，特别是快速消费品类的名牌产品，尤为如此。

某经销商 2019 年的获利情况分析见表 6-1。

表 6-1 某经销商 2019 年获利情况分析

2019 年销量	自己的经营利润		厂家返利		经销商年获利合计	
	经营净利率	净利润	返利比例	返利金额	获利比例	获利金额
6 000 万元	1%	60 万元	2%	120 万元	3%	180 万元

从表 6-1 可以看出，该经销商 2019 年全年的销售额是 6 000 万元，自己的经营净利率只有 1%，即 60 万元。如果能够获得厂家 2% 的年度销售返利，则厂家给予的返利为 120 万元，相当于自己经营利润的 2 倍，该经销商 2019 年的利润就从 60 万元提高到 180 万元。因此，对于经销商来说，厂家的返利是非常重要的利润来源。

既然获得厂家的返利如此重要，那么，经销商如何才能获得厂家的返利呢？尤其是如何获得厂家的最高返利？

首先，要拿出与厂家签订的年度经销协议，看看年度任务与返利标准。下面，通过一个案例来分析一下厂家的返利政策。

案例　某厂家给予经销商的返利政策

经销商老板陈总与厂家签订了年度经销协议，经双方沟通，厂家确定陈总的年度销售任务是完成销售额 2 000 万元，厂家的返利标准为：

- 完成年度销售任务 80% 以下，不返利；
- 完成 80%~100%，返利 1%；
- 完成 100%~110%，返利 2%；
- 完成 110%~120%，返利 4%；
- 超过 120%，返利 6%。

对以上返利政策进行分析，见表 6-2。

表 6-2　2020 年某厂家经销协议返利标准分析

2020 年年度任务	完成任务百分比				
	X＜80%	80%≤X＜100%	100%≤X＜110%	110%≤X＜120%	X≥120%
	＜1 600 万元	1 600 万~2 000 万元	2 000 万~2 200 万元	2 200 万~2 400 万元	≥2 400 万元
2 000 万元	0	1%	2%	4%	6%
返利金额	0	16 万~20 万元	40 万~44 万元	88 万~96 万元	≥144 万元
进货折扣	无折扣	9.9 折	9.8 折	9.6 折	9.4 折

如果经销商完成销售额 1 599 万元，低于 1 600 万元，按照以上返利政策，销售额低于 2 000 万的 80%，返利为零，则经销商不能

获得返利。在此基础上，如果经销商咬咬牙拿 81 万元的货，让销售额达到 2 400 万元，根据返利政策，可以获得所有销售额 6% 的返利，则经销商可以获得 144 万元的返利。

换句话说，虽然多拿了 81 万元的货，但获得了 144 万元的返利。也就是说，这 81 万元的货，不仅没有花一分钱，反而多获得了 63 万元的返利。

亲爱的经销商朋友，你准备拿多少货呢？

为了降低进货成本，经销商必须好好研究厂家的返利政策，计算一下，获得最高返利需要完成多少销售额？聪明的经销商在拿货时，一定以获得厂家最高返利为目标。

二、进货折扣

作者梅明平对经销商说

厂家为了刺激经销商多进货，往往会在出厂价的基础上出台许多的进货优惠政策。这在一定程度上降低了经销商的进货价格，扩大了经销商的获利空间。

但是，由于经销商经营品牌较多，与厂家沟通较少，也很少关注厂家的进货优惠政策，往往只在缺货时进货，就很少享受到进货优惠。

在经销商盈利难的今天，大手大脚的习惯需要从根本上改变，经销商要一分一分地抠才能获得利润。

进货折扣，是指经销商从厂家进货时所获得的进货优惠，属于厂家给经销商的让利。看以下这个案例就明白了。

案例　5 月经销商进货优惠政策

为答谢经销商在 4 月整体超额完成销售任务，经公司研究决定，临时推出 5 月经销商进货优惠计划，该计划方案为：

所有经销商在进货促销品 A 产品时，均享受买 30 送 1 的进货优惠政策，即买 A 产品 30 箱送 1 箱，多买多送，送完为止。

特别说明：整个公司 A 产品现有库存 9 000 箱，送完为止。

亲爱的经销商朋友，当你看到以上厂家进货优惠计划时，你是否心动？是否行动？这些点滴优惠，积少成多，就能变成经销商丰厚的利润。

为了充分利用厂家的每次进货优惠政策，经销商老板必须做到以下几点。

1. 安排一位专职人员（如采购员）对接厂家。

2. 了解厂家发布促销信息的渠道，如邮件、微信群等，并安排专人接收和转发这些信息。

3. 制定采购员奖励政策。

表 6-3 为某经销商针对采购员进货折扣的奖励政策。这里的进货折扣既包括返利又包括产品进货优惠。

表 6-3 某经销商针对采购员进货折扣的奖励政策

厂家	月度平均进货折扣	月度奖励	年度平均进货折扣	年终奖励
厂家 A	无折扣	0	无折扣	0
	9.9 折以上	1 000 元	9.9 折以上	3 000 元
	9.8 折以上	1 500 元	9.8 折以上	4 500 元
	9.7 折以上	1 800 元	9.7 折以上	5 400 元
	9.6 折以上	2 000 元	9.6 折以上	6 000 元
	9.5 折以上	2 500 元	9.5 折以上	7 500 元
	9.4 折以上	3 000 元	9.4 折以上	9 000 元
	9.3 折以上	4 000 元	9.3 折以上	12 000 元
	9.2 折以上	5 000 元	9.2 折以上	15 000 元

当采购员看到以上奖励政策时，是不是会眼前一亮？会不会马上开始研究厂家的返利政策和月度进货促销政策，以降低平均进货折扣？

三、市场支持

作者梅明平对经销商说

为了支持经销商开展经营活动，厂家会推出大大小小的市场支持政策。很多经销商对这些政策有误解，因为需要经销商先垫资，事后再找厂家核销。由于出现过个别厂家不兑现费用核销承诺的情况，导致经销商在市场投入时犹犹豫豫、瞻前顾后。

这些问题确实存在！所以，经销商应尽量与品牌知名度高、信用好的厂家合作。有一点是肯定的，无论厂家信誉如何，经销商要活下去就必须利用厂家的市场支持政策开展经营活动。否则，单靠自己投入市场费用开展经营活动，活下去都难，更别说赚钱了。

厂家尤其是名牌产品的厂家，会有专项费用支持经销商的经营活动，以帮助经销商提升销量。因此，经销商要充分利用厂家的市场支持费用开展经营活动。

尤其是在线上线下市场竞争异常激烈的情况下，产品价格透明化，经营利润已经降到谷底，经销商如果仅仅依靠经销商自身的力量是很难开展经营活动的，促销员工资、新品铺市、产品陈列、新品试吃、产品促销、品牌宣传……这些经营活动都需要费用支撑，如果没有厂家对这些费用的支持，或者厂家有这些费用支持但经销商没有好好研究和利用，经销商要想获得利润是非常困难的。

1. 促销员工资

对于经销商来说，促销员工资，包括长期促销工资和临时促销工资，是一笔很大的费用，而且投入了还很难保证有效果，风险极大。因此，促销员工资最好由厂家负责，经销商要充分利用厂家的促销员支持政策开展经营活动。如果促销员工资没有厂家支持，建议经销商不要招聘促销员。

下面，看一下某厂家对于临时促销费用的支持政策，见表6-3。

表 6-3　玉米油春节旺季现代渠道临时促销费用支持政策

项　　目		具体内容
产品		×× 牌玉米油
时间		12 月 1 日—2 月 28 日，共 3 个月
渠道		现代渠道
要求	目标多少家	每个业务员 6 家以上
	每家多少产品	300 桶以上
	陈列要求	500 桶堆，300 桶堆，两个品项可分混堆陈列
支持	临时促销费用支持	每个桶堆配临时促销人员 1 名，临时促销费用 2 000 元 / 月

通过对以上临时促销费用支持政策的分析，每个业务员陈列 300 桶堆或 500 桶堆 6 个以上，厂家为每个桶堆提供 1 个临时促销人员的支持，为期 2 个月，对每个临时促销人员支持的费用为 2 000 元。

如果经销商有 15 个业务员，根据厂家要求，每个业务员完成 6 个桶堆的陈列，共 90 个桶堆，90 个桶堆就可以安排 90 个临时促销人员，每个临时促销人员每个月 2 000 元费用补贴，共补贴 2 个月，经销商就可以获得 36 万元的临时促销费用支持，计算如下。

15 个业务员 × 6 个临时促销人员 × 2 000 元 / 月 · 人 × 2 个月 = 360 000 元

如果这笔费用由经销商自己出，按照净利率 2% 来计算，就需要额外增加 1 800 万元的销售额，计算如下。

360 000 元 ÷ 2% = 18 000 000 元

因此，在利润非常薄的情况下，经销商不可能自己花钱聘请促销员，除非由厂家承担这笔费用。

2. 市场建设费

市场建设费，是指经销商开展市场经营活动所需要投入的费用。市场建设费名目繁多，包括新品铺市、产品陈列费、新品进场费、产品订货会、业务员费用支持等。

（1）新品铺市支持。

新品铺市支持，是最常见的市场支持政策。任何厂家的产品都需要推陈出新，都需要依靠经销商进行新品铺市，因此，经销商要好好研究和利用新品铺市支持政策，既是帮助厂家也是帮助自己实现产品的更新换代。

以下是某厂家的新品铺市支持政策，见表 6-4。

表 6-4 某厂家大米 5kg 装新品铺市支持政策

项目		具体内容
产品		×× 牌长粒香大米 5kg 装铺市
时间		4 月 1—15 日
渠道		传统渠道 CL 店
要求	目标多少家	每个业务员铺市 20 家
	每家多少产品	每家至少 10 袋
	陈列要求	起垛陈列 10 袋以上，陈列在出口或粮油区明显位置，有价签
奖励	业务员	奖励业务员 1 元 / 袋或 200 元 / 吨
	终端客户	奖励陈列支持 900mL 装葵花籽油 1 桶

通过对厂家新品铺市支持政策的解读发现，每个业务员目标铺市 20 家，每家陈列 10 袋以上，每袋奖励 1 元，则每个业务员至少获得 200 元奖励。

作为经销商老板，在充分解读厂家新品铺市支持政策后，应该这样制定业务员新品铺市政策：

- 铺市数量要求：每个业务员铺市 100 家；
- 每家铺货数量：每家起垛 10~20 袋，平均 15 袋；
- 业务员奖励预算：每个业务员获得铺市奖励 1 500 元（100 家 × 15 袋 ×1 元 / 袋）；
- 每个终端客户奖励：奖励陈列支持 900mL 装葵花籽油 1 桶；
- 本次铺市总数：15 个业务员共铺市 1 500 家。

经销商充分利用厂家的新品铺市政策，实现了三方共赢：业务员额外获得 1 500 元的奖励，零售商获得 900mL 装葵花籽油 1 桶，经销商完成了新品铺市任务，获得了厂家的好评。

通过这次活动，经销商从厂家处获得了 22 500 元的支持。计算如下。

15 个业务员 × 1 500 元 = 22 500 元

如果 22 500 元由经销商出，按照 2% 的净利率计算，经销商需要增加销售额 112.5 万元。因此，经销商要充分利用厂家的新品铺市支持政策，帮助自己做好经营活动。

（2）产品陈列费支持。

产品陈列费支持，是厂家尤其是名牌产品厂家对经销商常用的支持政策。任何产品包括名牌产品要获得销量，就必须在卖场陈列，还要求陈列面积大、陈列位置好、陈列形式吸引人，而这都需要花很大一笔费用，单凭经销商的一己之力是很难承担的。

因此，经销商要充分利用厂家的陈列费支持政策来开展经营活动。表 6-5 是某厂家的陈列费支持政策。

表 6-5　XX 牌啤酒形象店、形象端架、形象堆支持政策

项目		具体内容
产品		×× 牌啤酒
时间		2020 年 5 月 1 日—6 月 30 日，共 2 个月
渠道		现代渠道、传统渠道 AB 店
要求	目标多少家	每个业务员 10 家
	每家多少产品	每家 10 箱以上
	陈列要求	形象店要求：现场制作分 $4m^2$、$2m^2$ 两种，根据门店实际情况选择投放 形象端架要求：加快正常陈列整节货架、形象端架等包装 形象堆要求：上有地推牌、下有地推 KT 围板和地贴，全实物堆可以没有 KT 板围边，但必须有价格牌、地贴
奖励	业务员	形象店：每月奖励 100 元 形象端架：每月奖励 100 元 形象堆：每月奖励 100 元 说明：单个门店奖励最高 300 元

根据以上厂家对形象店、形象端架、形象堆陈列费支持政策，经销商可以制定以下陈列政策：

- 陈列数量要求：每个业务员陈列 20 家店；
- 每家陈列数量：每家陈列数量 1~3 个，平均每家店陈列 2 个（形象店、形象堆、形象端架，三选二）；
- 业务员奖励：每个业务员获得陈列奖励 4 000 元（20 家 ×200 元 / 家）；

- 本次陈列总店数：15 个业务员共陈列 300 家（20 家 ×15 个业务员）；
- 本次陈列总数量：15 个业务员在 300 家店陈列 600 个（20 家 ×2 个 ×15 个业务员）。

通过这次活动，经销商从厂家处获得的陈列费支持金额为 6 万元，计算如下。

15 个业务员 × 4 000 元 / 个业务员 = 60 000 元

如果 60 000 元由经销商出，按照 2% 的净利率计算，经销商需要增加销售额 300 万元。因此，经销商要充分利用厂家的陈列费支持政策，帮助自己做好产品陈列，提高销量。

（3）产品订货会。

对于季节性较强的产品，在产品销售旺季到来之前，为使自己所经销的产品塞满零售商的仓库和货架，占据竞争优势，经销商应与厂家沟通，在厂家的支持下召开区域产品订货会。通过订货会，把区域零售商召集在一起，通过强有力的促销政策，吸引零售商大量进货。

产品订货会通常采用以下方式吸引零售商订货。

一是递增式促销。进货量越大，获利越多。例如，进货 100 件，赠送某产品 1 件（100 送 1）；进货 200 件，赠送某产品 3 件（100 送 1.5）；进货 200 件，赠送某产品 4 件（100 送 2）……

二是现场折扣。现场进货，则优惠一定百分比，如 5%，即产品按 9.5 折销售。

三是捆绑促销。由于经销商代理的产品多，通过对各个厂商提供的促销资源进行整合，来获得良好的促销效果，如“购 A 品牌促销品 10 箱，送 B 品牌促销品 1 箱”。由于这两款产品都属于畅销产品，这种促销对零售商会产生巨大的吸引力。

为了让订货会取得圆满成功，需要提前做一些准备工作。例如：

- 为参加会议的零售商报销小车油费；
- 给每个参会者发放礼品一份；
- 会上设置抽奖活动；
- 提供晚餐；
- 样品展示，以便于产品订购。

通常情况下，会议费用由厂家与经销商共同承担，厂家负担 50% 甚至更多。

建议经销商每年至少召开两次订货会，要么是春节订货会和秋季订货会，要么是夏季订货会和冬季订货会。面向零售商的订货会不仅要获得厂家的费用支持，还要申请额外的促销活动支持。订货会策划得好的话，不仅可以获得销量，还可能一分钱不花甚至靠开订货会赚厂家的钱。

作者梅明平对经销商说

亲爱的经销商朋友，获得厂家的费用投入，在利润薄如纸的今天，是不是显得特别重要？

如何获得厂家最高的返利？如何获得更低的进货折扣？如何获得厂家的市场建设费支持？是不是从现在开始就应该马上行动起来了？是不是终于明白了做名牌产品不赚钱甚至亏本的原因？

经销商赚钱工具箱

为了获得厂家更大的投入支持，经销商要掌握以下3个要点。

1. 厂家返利。
2. 进货折扣。
3. 市场建设费。

经销商赚钱行动计划

为了获得厂家更大的投入支持，经销商要立即开展以下5项工作。

1. 研究厂家的返利政策，制订月度、年度进货计划。
2. 研究厂家每月推出的进货折扣政策，制订进货计划。
3. 制定采购员采购折扣奖励政策。
4. 研究厂家的促销员费用支持政策，制订促销员招聘计划。
5. 研究厂家的市场支持政策，制订相应的市场费用使用计划。

第三部分

周转快

第七章　营运资金

经销商痛点

1 营运资金多少心里没数，总感觉资金压力大。

2 营运资金一年能转几次，从来没有认真核算过。

3 库存、应收账款、垫付款多，流动资产难以流动。

4 库存商品资金占用越来越多，不知道问题出在哪儿。

5 从没有对商品进行分类管理，二八法则没听说过。

6 应收账款又多又乱，满抽屉赊销欠款单。

7 现金管理更是乱上加乱，公私不分随意使用。

8 为厂家垫付的费用越积越多，报销难度大、流程长。

9 流动负债多，心里发慌，越陷越深看不到尽头。

10 早知道做经销商赚钱难，何必硬着头皮往前冲？

一、营运资金

作者梅明平对经销商说

为什么要了解营运资金?

看一下经销商赚钱的计算公式:

税后利润 = 销售额 – 进货成本 – 经营管理费用 – 银行利息 – 税金

其中:

销售额 – 销售成本 = 毛利润

毛利润 – 经营费用 = 营业利润

营业利润 – 银行利息 = 税前利润

税前利润 – 税金 = 税后利润

通过经销商赚钱的计算公式可以看出,经销商要赚钱,就必须做到一高四低,即销售额高,销售成本、经营费用、银行利息和税金低。其中,银行利息与营运资金多少有关,而营运资金多少与周转速度有关。

这就要考验经销商在无须增加资金的情况下,为自身发展筹措和使用资金的能力。经销商的资金周转率决定了经销商所需投入现金的额度。

因此，要降低银行利息，必须学习营运资金周转的知识，并在实际运用中，提高营运资金周转率。

1. 营运资金

什么是营运资金？营运资金由哪几部分构成？

营运资金也称为营运资本、运用资金，是经销商在经营过程中可供运用、周转的流动资金净额，是经销商的流动资产减去流动负债后的净额，计算公式如下。

营运资金 = 流动资产 – 流动负债

= 库存金额 + 应收账款 – 应付账款

营运资金越少，占用的资金就越少，相应的利息就越少。

由于营运资金与流动资产和流动负债有关，流动资产和流动负债的任何变化都会引起营运资金的增减变化。

如果流动负债不变，流动资产的增加就意味着营运资金的增加；流动资产的减少就意味着营运资金的减少。如果流动资产不变，流动负债增加，就意味着营运资金的减少；流动负债减少就意味着营运资金的增加。在两者同时变化的情况下，只有两者抵销后的净额才是营运资金的增减净额。

2. 营运资金周转率

营运资金周转率，是 360 天除以营运资金周转一次的天数而得到的年周转次数，计算公式如下。

营运资金周转率（年周转次数）= 360 天 ÷ 营运资金周转一次的天数

营运资金周转一次的天数与库存、应收账款和应付账款的资金占用天数有关，具体计算公式如下。

营运资金周转一次的天数 = 库存在仓天数 +

应收账款天数 – 应付账款天数

计算周转率时，一年是按照 360 天计算而不是按 365 天计算的，一个月按照 30 天计算，一个季度按照 90 天计算，半年按照 180 天计算。

案例 计算营运资金周转一次的天数

某企业应付账款 15.5 亿元，应收账款 19.08 亿元，平均库存 14 亿元，销售成本 180 亿元，销售额 190.8 亿元。

首先，计算两个主要指标，一是每天销售成本，二是每天销售额。计算如下。

每天销售成本 = 年销售成本 ÷360 天 =180 亿元 ÷360 天 = 0.5 亿元 / 天

每天销售额 = 年销售收入 ÷360 天 =190.8 亿元 ÷360 天 = 0.53 亿元 / 天

接下来，计算天数。

应付账款天数：经销商进完货后支付厂家货款的时间为 31 天，

计算如下。

应付账款天数 = 应付账款 ÷ 每天销售成本 = 15.5 亿元 ÷ 0.5 亿元 / 天 = 31 天

库存在仓天数：从向厂家订货到向零售商交货占用的时间为 28 天，计算如下。

库存在仓天数 = 平均库存 ÷ 每天销售成本 = 14 亿元 ÷ 0.5 亿元 / 天 = 28 天

应收账款天数：零售商卖完后付款的时间为 36 天，计算如下。

应收账款天数 = 应收账款 ÷ 每天销售额 = 19.08 亿元 ÷ 0.53 亿元 / 天 = 36 天

营运资金周转率表明企业营运资金的经营效率，反映每投入 1 元营运资金所能获得的销售收入，同时反映了每年每元销售收入需要配备多少营运资金。一般而言，营运资金周转率越高，说明每元营运资金所带来的销售收入越多，企业营运资金的运用效率也就越高；反之，营运资金周转率越低，说明企业营运资金的运用效率越低。同时，营运资金周转率还是判断企业短期偿债能力的辅助指标。

案例 计算某经销商的营运资金周转率

某经销商 2019 年的销售额为 2 000 万元，销售成本为 1 900 万元，平均库存余额为 211.2 万元，平均应收账款余额为 250.2 万元，平均应付账款余额为 132.0 万元，计算该经销商的营运资金周转率。

应收账款余额是根据销售额计算的，平均库存和应付账款余额是根据销售成本计算的。因此，要先计算两个重要指标，一是平均每天销售额，二是平均每天销售成本。

平均每天销售额 ＝2019 年的销售额 ÷ 360 天 ＝2 000 万元 ÷ 360 天＝5.56 万元 / 天

平均每天销售成本＝2019 年的销售成本 ÷ 360 天 ＝ 1 900 万元 ÷ 360 天＝5.28 万元 / 天

这两个指标计算出来后，就可以很方便地计算库存、应收账款和应付账款的占用天数了。

库存在仓天数＝平均库存余额 ÷ 平均每天销售成本＝211.2 万元 ÷ 5.28 万元 / 天＝ 40 天

应付账款天数＝平均应付账款余额 ÷ 平均每天销售成本＝132 万元 ÷ 5.28 万元 / 天＝ 25 天

应收账款天数＝平均应收账款余额 ÷ 平均每天销售额＝250.2 万元 ÷ 5.56 万元 / 天＝ 45 天

库存、应收账款和应付账款天数计算出来后，就可以计算营运资金周转一次的天数了。

营运资金周转一次的天数＝库存在仓天数＋应收账款天数－应付账款天数＝40 天＋45 天－25 天＝60 天

营运资金周转一次需要 60 天，相当于 2 个月周转一次。那么一年周转多少次呢？根据营运资金周转率公式进行计算。

营运资金周转率（年周转次数）= 360 天 ÷ 营运资金周转一次的天数 = 360 天 ÷ 60 天 / 次 = 6 次

该经销商的营运资金是多少呢？根据以上提供的数据，可以得出该经销商的营运资金。

营运资金 = 平均库存余额 + 平均应收账款余额 – 平均应付账款余额 = 211.2 万元 + 250.2 万元 – 132.0 万元 = 329.4 万元

以上案例的数据见表 7-1。

表 7-1　营运资金周转率明细表

项目	数据	项目	金额（万元）
库存在仓天数	40	平均库存余额	211.2
应收账款天数	45	平均应收账款余额	250.2
应付账款天数	25	平均应付账款余额	132.0
营运资金周转一次的天数	60	营运资金	329.4
全年销售额（万元）	2 000	平均每天销售额	5.56
全年销售成本（万元）	1 900	平均每天销售成本	5.28
营运资金周转率	6	说明：用 329.4 万元的营运资金，一年周转 6 次	

一般情况下，企业营运资金周转率越高，所需的营运资金水平也就越低。营运资金周转率与毛利率是衡量经销商盈利能力的两个最重要的指标。

因此，经销商盈利的两大途径，一是提高毛利率，二是提高营运资金周转率。

案例 将上例中经销商的营运资金周转率从每年 6 次增加到 9 次

根据上例，将资金周转一次的天数从 60 天调整到 40 天，每年周转次数从 6 次变为 9 次，每年周转增加 3 次，具体如下。

库存在仓天数从 40 天调整到 34 天，减少 6 天；应收账款天数从 45 天调整到 41 天，减少 4 天；应付账款天数从 25 天调整到 35 天，增加 10 天，计算如下。

营运资金周转一次的天数 = 库存在仓天数 + 应收账款天数 − 应付账款天数 = 34 天 + 41 天 –35 天 = 40 天

营运资金周转一次从原来的 60 天降到 40 天，相当于 1 个月零 10 天周转一次。那么一年周转多少次呢？根据营运资金周转率公式进行计算。

营运资金周转率（年周转次数）= 360 天 ÷ 营运资金周转一次的天数 = 360 天 ÷ 40 天 / 次 = 9 次

根据上例中提供的数据，在年销售额 2 000 万元、销售成本 1 900 万元的情况下，每天销售额为 5.56 万元 / 天，每天销售成本为 5.28 万元 / 天。计算库存、应付账款和应收账款所占用的资金余额。

库存余额 = 库存在仓天数 × 每天销售成本

= 34 天 × 5.28 万元 / 天 = 179.52 万元

应收账款余额 = 应收账款天数 × 每天销售额

= 41 天 × 5.56 万元 / 天 = 227.96 万元

应付账款余额 = 应付账款天数 × 每天销售成本 = 35 天 × 5.28

万元 / 天 = 184.80 万元

在每年营运资金周转 6 次的情况下，该经销商需要的营运资金为 329.4 万元；那么，在每年营运资金周转次数提高到 9 次的情况下，需要多少营运资金呢？

营运资金 = 库存余额 + 应收账款余额 – 应付账款余额 = 179.52 万元 + 227.96 万元 – 184.80 万元 = 222.68 万元

也就是说，在完成 2 000 万元销售额的情况下，每年资金周转 6 次需要营运资金 329.4 万元；将每年周转次数调整到 9 次则只需要营运资金 222.68 万元，释放了 106.72 万元的资金。而 222.68 万元只占 329.4 万元的 67.6%。

以上案例的数据见表 7-2。

表 7-2 调整后营运资金周转率明细表

项目	数据	项目	金额（万元）
库存在仓天数	34	平均库存余额	179.52
应收账款天数	41	平均应收账款余额	227.96
应付账款天数	35	平均应付账款余额	184.80
营运资金周转一次的天数	40	营运资金	222.68
全年销售额（万元）	2 000	平均每天销售额	5.56
全年销售成本（万元）	1 900	平均每天销售成本	5.28
营运资金周转率	9	说明：用 222.68 万元的营运资金，一年周转 9 次	

通过调整，该经销商的以下数据获得了改善。

● 库存：库存在仓天数由原来的 40 天降为 34 天，减少了 6 天；相应地，平均库存余额从 211.2 万元降到 179.52 万元，减少了 31.68

万元（5.28 万元 / 天 ×6 天）。

• 应收账款：应收账款天数由原来的 45 天降为 41 天，减少了 4 天；相应地，平均应收账款余额从 250.2 万元降到 227.96 万元，减少了 22.24 万元（5.56 万元 / 天 ×4 天）。

• 应付账款：应付账款天数由原来的 25 天增加到 35 天，增加了 10 天；相应地，平均应付账款余额从 132.0 万元增加到 184.8 万元，增加了 52.8 万元（5.28 万元 / 天 ×10 天）。

通过对库存、应收账款和应付账款三大资金占用时间的调整，该经销商达到了以下两个效果。

一是现金释放。调整后释放了 106.72 万元的现金，相当于调整前 20 天的营运资金。如果经销商把这些现金存入银行，假设存一年的定期，按照 3.5% 的年利率计算，可以获得 3.74 万元的银行利息。

二是增加销售额。106.72 万元的资金，按照调整后营运资金周转 9 次计算，可以增加 960.48 万元（106.72 万元 ×9 次 / 年）的销售额，从原来的 2 000 万元增加到 2 960.48 万元，相当于增加了 48% 的销售额。按照净利率 2% 计算，该经销商将增加 19.21 万元的净利润。

根据以上案例调整前后的数据变化情况分析，在加快营运资金周转方面，可以得出以下结论。

第一，要减少库存在仓天数，勤进勤销，提高商品周转率。

第二，要减少应收账款余额，通过向业务员征收应收账款利息和滞纳金，引导业务员更多地转向与现款现货的客户合作，如开发更多的传统渠道客户，或者降低应收账款，或者减少应收账款天数等。

第三，要尽可能多及尽可能长时间地占用厂家的铺市赊销资金，用厂家的钱做生意，可以降低资金占用成本。

为了更好地让经销商了解资金周转率的重要性，下面再为大家介绍两个案例。第一个案例说明，投入同样的资金，因营运资金周转率不一样，利润存在很大的差别；第二个案例说明，同样的利润，因营运资金周转率不一样，投入的资金存在很大的差别。这两个案例都说明，营运资金周转率会影响资金占用数量和盈利情况。

案例 同样投入营运资金 1 000 万元，只因周转率不一样，获利情况天差地别

同为 ×× 品牌的厂家经销商，经营同样的产品，投资同样是 1 000 万元，税前利润率同样为 4%，可经销商 A 一年能赚 400 万元，投资回报率高达 40%；而经销商 B 一年才赚 80 万元，投资回报率才 8%。同样的厂家、同样的产品、同样的毛利率、同样的投资额，利润的差别为什么那么大呢？

这就是营运资金使用的效率问题。投资 1 000 万元，在税前利润率为 4% 的情况下，周转一次就会产生 40 万元的税前利润。A 经销商赚 400 万元，说明 1 000 万元的资金周转了 10 次，产生了 1 亿元的销售额。而 B 经销商只赚了 80 万元，说明 1 000 万元的资金只周

转了 2 次，产生了 2 000 万元的销售额。二者利润计算如下。

经销商 A：1 000 万元 × 4% × 10 次 = 400 万元

经销商 B：1 000 万元 × 4% × 2 次 = 80 万元

案例中的相关数据见表 7-3。

表 7-3 投资同样的营运资金因周转率不一样获利情况也不一样

项目	经销商 A	经销商 B
营运资金	1 000 万元	1 000 万元
税前利润率	4%	4%
营运资金周转率	10 次 / 年	2 次 / 年
年销售额	1.2 亿元	2 000 万元
税前利润	480 万元	80 万元

以上案例说明，作为经销商，不仅要会卖产品，还要学会让投入的资金周转的次数更多，才能赚更多的钱。

案例 同样赚 480 万元，周转率不一样，投入的资金天差地别

同一个厂家的两个经销商 X 和 Y，他们经营同样的产品，税前利润率一样是 4%，一年同样赚了 480 万元。可经销商 X 只投入了营运资金 1 000 万元，投资回报率高达 48%；而经销商 Y 却投资了 6 000 万元，投资回报率只有 8%。为什么同样的厂家、同样的产品、同样的毛利率、同样是一年赚 480 万元，而投入的资金差别那么大呢？

分析如下。

X 经销商投资了 1 000 万元，在税前利润率为 4% 的情况下，1 000 万元周转一次就会产生 40 万元的税前利润，赚 480 万元说明

1 000 万元的资金周转了 12 次，产生了 1.2 亿元的销售额。

Y 经销商投资了 6 000 万元，在税前利润率为 4% 的情况下，6 000 万元周转一次就会产生 240 万元的税前利润，赚 480 万元说明 6 000 万元的资金只周转了 2 次，同样也产生了 1.2 亿元的销售额。

不同周转率下的相关计算如下。

经销商 X：1 000 万元 × 4% × 12 次 = 480 万元

经销商 Y：6 000 万元 × 4% × 2 次 = 480 万元

案例中的数据见表 7-4。

表 7-4 赚同样的利润因周转率不一样所需的营运资金也不一样

项目	经销商 X	经销商 Y
税前利润率	4%	4%
税前利润	480 万元	480 万元
年销售额	1.2 亿元	1.2 亿元
营运资金周转率	12 次 / 年	2 次 / 年
需营运资金	1 000 万元	6 000 万元

这就是经销商 X 和 Y 投资差别这么大的原因——资金周转率不一样。如果把资金占用利息算进去，那么经销商 X 和 Y 赚钱的差别将更大。

案例 接上例，经销商 Y 真的赚了 480 万元吗？

营运资金占用是需要支付资金占用利息的。假如资金占用的年利率为 8%，经销商 X 需要支付的资金占用利息为 80 万元（1 000

万元 ×8%），税前利润480万元减去80万元的资金占用利息，税后利润为400万元。经销商Y需要支付的资金占用利息为480万元（6 000万元 ×8%），税前利润480万元减去480万元的资金占用利息，税后利润为零，白干一场。

资金占用利息计算如下。

经销商X的利息：1 000万元 × 8% = 80万元

经销商Y的利息：6 000万元 × 8% = 480万元

减去资金占用利息，经销商X、Y的税后利润计算如下。

经销商X的利润：480万元 – 80万元 = 400万元

经销商Y的利润：480万元 – 480万元 = 0

这个案例说明了什么呢？和上个案例有什么差别呢？

本案例中的数据见表7-5。

表7-5　考虑资金占用利息后的税后净利润

项目	经销商A	经销商B
税前利润率	4%	4%
税前利润	480万元	480万元
年销售额	1.2亿元	1.2亿元
营运资金周转率	12次/年	2次/年
需营运资金	1 000万元	6 000万元
资金占用利率	8%	8%
资金占用利息	80万元	480万元
税后净利润	400万元	0

同样投资1 000万元，因为资金周转率不一样，实现的销售额

就不一样，所赚的利润也不一样，说明资金使用效率与资金周转率有关。

同样赚 480 万元，因为资金周转率不一样，需要的经营资金就不一样，所产生的资金占用利息就不一样，说明资金使用成本与资金周转率有关。

以上案例说明了管理营运资金的重要性。那么，资金占用利息作为经营管理费用，在经销商的总销售额和总费用中占比如何？来看一下某经销商的费用占比情况，见表 7-6。

表 7-6 某经销商经营管理费用占比一览表

<table>
<tr><th colspan="2">费用项目</th><th>占总销售额的比例</th><th>占总费用的比例</th><th>合计占总费用的比例</th></tr>
<tr><td colspan="2">管理费用</td><td>2.13%</td><td>26.6%</td><td>26.6%</td></tr>
<tr><td colspan="2">销售费用</td><td>4.03%</td><td>50.4%</td><td>50.4%</td></tr>
<tr><td rowspan="2">资金占用利息</td><td>库存商品资金占用利息</td><td>0.55%</td><td>6.9%</td><td rowspan="2">11.5%</td></tr>
<tr><td>其他资金占用利息</td><td>0.37%</td><td>4.6%</td></tr>
<tr><td colspan="2">税负</td><td>0.92%</td><td>11.5%</td><td>11.5%</td></tr>
<tr><td colspan="2">合计</td><td>8.00%</td><td>100.0%</td><td>100.0%</td></tr>
</table>

该经销商的经营管理费用占总销售额的 8%，其中，库存商品资金占用利息占 0.55%，其他资金占用利息占 0.37%。

资金占用利息占总费用的比例为 11.5%，其中，库存商品资金占用利息为 6.9%，其他资金占用利息为 4.6%。也就是说，资金占用利息在经销商的经营管理费用中至少占 11%。以上案例中的快速消费品经销商把资金管理得非常好，一年的资金周转次数在 11 次左右。

资金占用费只占总费用的 11%，已经非常低了，大部分经销商的资金占用利息占比在总费用中会超过 15% 甚至更多。

因此，资金占用利息的节约空间还很大。那么，如何减少资金占用利息、降低经营管理成本？这就是接下来要学习的内容。

二、流动资产

作者梅明平对经销商说

流动资产是经销商经营管理的重点内容。流动资产管理涉及企业管理的方方面面，是经销商能否赚钱的核心能力，也是经销商生死存亡的关键指标。

存货作为流动资产，既涉及盘点时账实是否相符，也涉及仓库租金和库存商品资金占用利息；应收账款作为流动资产，既涉及账龄分析，也涉及资金占用利息和坏账比例；现金作为流动资产，既涉及库存现金超额部分有没有及时送交银行，也涉及现金持有成本和有价证券的盘点。

商贸企业的流动资产，是指商贸企业可以在一年或者超过一年的一个营业周期内变现或者运用的资产，是企业资产中必不可少的组成部分。流动资产在周转过程中，从货币形态开始，依次改变其形态，如从商品形态到货币形态，各种形态的资金与商品流通紧密结合，周转速度快，变现能力强，包括现金、库存、应收账款、厂家垫付款等。流动资产的计算公式如下。

流动资产 = 库存 + 应收账款 + 现金 + 厂家垫付款

下面就库存、应收账款、现金和厂家垫付款一一进行介绍，以帮助经销商加快资金周转、降低资金占用利息。

1. 库存

作者梅明平对经销商说

库存的多少，不仅牵涉流动资金占用和资金占用利息的多少，还影响仓库租金的多少。

库存有 3 种形式，即周转库存、安全库存和在途库存。每种库存都会占用资金。提高每种库存的周转率是节约资金占用、减少资金占用利息的有效方式。

周转库存，是适用于商品正常销售的库存。周转库存的大小与采购量直接相关。企业为了降低物流成本或生产成本，需要批量采购、批量运输和批量生产，这样便形成了周期性的周转库存，这种库存随着商品每天的消耗而减少，当降低到一定水平时需要补充库存。

安全库存，是为了防止不确定因素的发生，如厂家缺货、厂家送货延迟、库存消耗速度突然加快等而设置的库存。安全库存的多少与库存服务水平有关。从经济性的角度看，安全库存的系数应确定在一个合适的水平上。

在途库存，是指从经销商的采购员向厂家付款进货开始，到厂家的货进到经销商的仓库为止所花的时间。在途库存的大小取决于距离远近、运输时间及该期间内的平均需求。

这 3 种库存形式都会占用经销商的流动资金，如果库存量过大，流动资金占用量过多，就会增加经营管理成本，降低经销商的经济效益；如果库存量过小，又难以保证持续正常经营，可能出现缺货情况。因此，库存量的多少必须把握适度定额和合理库存周转量。

（1）库存的构成。

经销商库存的商品是从厂家购进的，是需要花钱才能购买的。这些商品库存的时间越长，占用的资金时间就越长，需要支付的利息也就越多。下面，通过两个案例说明库存商品会占用资金，从而产生资金占用利息，使经销商的经营管理费用增加。

案例　购进 300 万元的商品，一个月一件都没卖出去，需支付 2.5 万元的资金占用利息

经销商的采购员因厂家压货，一次性购进了 300 万元的商品，放进了仓库，在接下来的一个月时间内，没有卖出一件商品。如果按照 10% 的年利率计算，经销商需要为此支付的库存商品资金占用利息为 2.5 万元，利息费用占比为 0.83%（这是在假设第 2 个月第 1 天就全部卖出去的情况下，否则利息费用占比要大于 0.83%）。计算如下。

300 万元 × 10% ×（30 天 ÷ 360 天）=2.5 万元

2.5 万元 ÷ 300 万元 = 0.83%

需要注意的是，虽然一年有 365 天，但是在年利率和日利率的换算过程中，一年用 360 天来计算而不是 365 天。

案例 购进 300 万元的商品，一个月正好卖完，需支付 1.25 万元的资金占用利息

同样的情况，经销商的采购员一次性购进了 300 万元的商品，放进了仓库，在接下来的一个月内，刚好把商品全部卖完，一件不剩。如果按照 10% 的年利率计算，经销商需要为此支付多少资金占用利息呢？

如果要精确计算利息的话，就需要一天一天来计算，计算公式如下。

月利息 = 第 1 天的利息 + 第 2 天的利息 + …… + 第 30 天的利息

= 第 1 天的库存金额 × 10% ×（1 天 ÷ 360 天）

+ 第 2 天的库存金额 × 10% ×（1 天 ÷ 360 天）

+ ……

+ 第 30 天的库存金额 × 10% ×（1 天 ÷ 360 天）

这样计算很麻烦，也很难实现。在实际操作中，是按照平均库存金额来计算的，计算公式如下。

平均库存金额 =（期初库存金额 + 期末库存金额）÷ 2

按照这个公式计算平均库存金额，需要知道期初库存金额和期末库存金额，上例中的期初库存金额为300万元，期末库存金额为0，平均库存金额为150万元，计算如下。

平均库存金额 =（期初库存金额 + 期末库存金额）÷2

=（300万元 + 0）÷2 = 150万元

如果按照10%的年利率计算，经销商需要为此支付的资金占用利息为1.25万元，利息费用占比为0.42%，计算如下。

150万元 × 10% ×（30天 ÷ 360天）=1.25万元

1.25万元 ÷ 150万元 = 0.42%

从财务的角度：

平均库存量 =（月初库存 + 月末库存）÷2

计算平均库存量要考虑周转库存、安全库存和在途库存的数量，表示为以下公式。

库存总额 = 周转库存 + 安全库存 + 在途库存

在流动资产中，库存所占比重较大，库存的流动性对企业资金的流动性有重要影响，因此对库存的流动性的分析很重要。库存占用资金越少，资金占用利息就越低，但库存少就有可能出现缺货现象，影响商品的销售利润。因此，经销商要管理好库存，使库存量保持在合理的水平。

下面分别介绍周转库存、安全库存和在途库存，以期找到减少库存量的方法。

（2）周转库存。

周转库存，是经销商为了保证市场正常供应，根据年度销售任务、商品流通环节和速度应保持一定数量的周转需要的商品库存。经销商的周转库存，是组织商品流通必不可少的物质基础。

周转库存的多少，直接关系到流动资金占用额的多少。这就要求经销商在有利于扩大销售和加强管理的前提下，把周转库存量压缩到最低限度，从而节约并有效地使用流动资金。

在这里须了解一下什么是经济订货批量。

经济订货批量，是通过平衡采购进货成本和保管仓储成本核算，以实现总库存成本最低的最佳订货量，即确定经销商一次订货的数量。当经销商按照经济订货批量从厂家订货时，可实现订货成本和储存成本之和最小化，如图 7-1 所示。

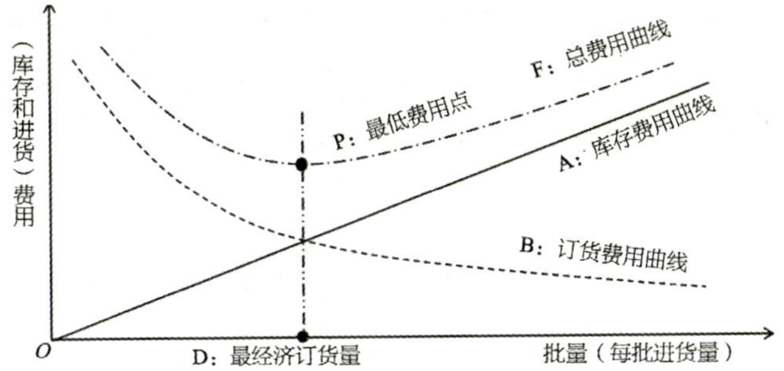

图 7-1 经济订货批量图解

从图 7-1 可以看出，进货次数越少，进货运输费就越少；单次进货量越大，库存费就越大。例如，年进货额在 1.2 亿元的经销商，如果一年只进一次货，运输费就少，库存费就多，平均库存为 6 000

万元。如果一年进货 12 次，运输费就多，库存费就少，平均库存金额只有 500 万元。进货运输费与库存费加起来，就会存在一个最低点 P，P 点的横坐标就是经济订货批量点。

案例 经销商常总按经济订货批量确定进货量

经销商常总全年需采购某产品 80 000 件，单次进货的运输费为 500 元，单位产品年平均库存费用为 0.8 元，求该产品的经济订货量。计算情况见表 7-7。

表 7-7 经销商进货次数与费用关系一览表

年进货量（单位：件）	年进货次数	每次进货量（单位：件）	平均库存量（单位：件）	进货采购费（单位：元）	库存费用（单位：元）	进货总费用（单位：元）
A	B	C=A÷B	D=C÷2	E=B×500 元 / 次	F=D×0.8 元 / 年	G=E+F
80 000	1	80 000	40 000	500	32 000	32 500
80 000	2	40 000	20 000	1 000	16 000	17 000
80 000	3	26 667	13 333	1 500	10 667	12 167
80 000	4	20 000	10 000	2 000	8 000	10 000
80 000	5	16 000	8 000	2 500	6 400	8 900
80 000	6	13 333	6 667	3 000	5 333	8 333
80 000	7	11 429	5 714	3 500	4 571	8 071
80 000	8	10 000	5 000	4 000	4 000	8 000
80 000	9	8 889	4 444	4 500	3 556	8 056
80 000	10	8 000	4 000	5 000	3 200	8 200
80 000	15	5 333	2 667	7 500	2 133	9 633
80 000	20	4 000	2 000	10 000	1 600	11 600
80 000	24	3 333	1 667	12 000	1 333	13 333

由表 7-7 可以看出，经销商常总的经济订货量为 10 000 件，共

进货 8 次，运输费为 4 000 元，库存费为 4 000 元，合计 8 000 元，总费用最低。

当然，经济订货批量只考虑了运输费和库存费，没有考虑资金占用成本。亲爱的经销商朋友，如果有兴趣，你可以加入资金占用成本，3 个因素一起综合考虑，这样确定的周转库存将更经济、费用更低。

（3）安全库存。

经销商为什么会缺货？缺货的原因很多，如运输车辆在半路上抛锚、厂家因原材料短缺暂停生产、市场需求量突然增加、旺季到来之前备货不足、经销商的采购员没有及时采购等。缺货在所难免，但经销商要尽量防止缺货，因为，缺货会导致经销商面临三大风险。

风险一，减少销售利润。假设每卖一件产品可以获得 2 元的毛利，每天可以卖出 5 000 件该产品，但因厂家生产原因导致经销商缺货 8 天，则经销商的缺货损失为 8 万元。

5 000 件 / 天 × 2 元 / 件 ×8 天 = 80 000 元

风险二，给竞争对手机会。甲、乙两个经销商为竞争对手，销售旺季到来时，经销商甲的采购员正好因家里有事请假回家，甲忘了安排其他员工进货，导致旺季到来时无货可供，给了竞争对手乙大好的市场机会，经销商甲痛心疾首、捶胸顿足也无济于事。

风险三，破坏客情关系。超市缺货，经销商不仅面临超市的缺货罚款，还给超市留下了管理混乱的不良印象，造成合作方的安全感缺失，破坏客情关系。

因此，经销商为避免缺货，须建立安全库存。

什么是安全库存呢？为了控制不确定性因素（如大量突发性订货、交货期突然延期、交货误期、厂家停止生产等）导致的缺货风险，而预计的保险储备量或缓冲库存。

那么，经销商应该在何时进货呢？也就是说，经销商应该在有多少库存的情况下进货呢？进货时点计算公式如下。

进货时点 =（进货期时间 + 安全库存时间）× 日平均销售量

案例 经销商常总的进货时点

经销商常总向厂家订购大米，从订购之日起到仓库的时间（进货期时间）为 3 天，日均销量为 100 袋，安全库存量 2 天（安全库存时间）的量为 200 袋，则

大米的进货时点 =（进货期时间 + 安全库存时间）× 日平均销量

=（3 天 + 2 天）× 100 袋 / 天

= 500 袋

也就是说，当经销商常总的大米库存量为 500 袋时，就必须立即安排进货了，否则有断货的可能。因此，经销商常总的进货时点为库存 500 袋。

综上所述，安全库存与两个因素有关，一是进货期时间，即从经销商的采购员下单采购开始，到厂家的货送到经销商的仓库为止

所占用的时间。如果运输路程不太远，可以实现当天采购当天送货，那么进货期时间为 1 天。二是安全库存时间，这个要根据经验进行判断。

安全库存是不是越多越好呢？下面来看一组数据，假设一年的销售额按出厂价计算为 1.8 亿元，日平均销售额（按出厂价计算）为 50 万元，按照年利率 8% 计算，库存 50 万元一天需要支付的资金占用利息为 111.11 元，见表 7-8。

表 7-8 安全库存天数与资金占用利息明细表

安全库存天数	占用资金	日资金占用利息	年资金占用利息
1 天	50 万元	111.11 元	4 万元
2 天	100 万元	222.22 元	8 万元
3 天	150 万元	333.33 元	12 万元
4 天	200 万元	444.44 元	16 万元
5 天	250 万元	555.55 元	20 万元
6 天	300 万元	666.66 元	24 万元

上例中，如果把安全库存天数设定为 6 天，就需要支付 24 万元的资金占用利息。因此，安全库存并不是越多越好。

如何制定安全库存政策呢？经销商老板要和采购员一起商量，共同制定安全库存量，并对采购员进行考核。

（4）在途库存。

在途库存，是经销商已经向厂家支付货款，但商品尚未到达经销商的仓库、正处于运输状态或等待运输状态而储备在运输工具中的库存。

对经销商而言，在途库存是实现补给订货所必需的。虽然在途库存不能使用，但它是真正的资产。在经销商的经营中，中转库存越来越重视小批量、高频率的运输、递送。经销商要降低资金占用成本，就应把更多的注意力集中到如何减少在途库存的数量上。

经销商可以采取以下方法减少在途库存。

首先，缩短进货周期。例如，将原来一个月进货一次改为一周进货一次，在途库存就会减少 1/4。

其次，选择更可靠的运输商。这些运输商运输速度更快，服务更好。

再次，利用计算机管理信息系统来减少信息传递上的延误，以及由此引起的在途时间的增加。

最后，经销商采购员天天催货、时时跟进厂家和送货司机。采购员要掌握厂家负责下单的销售内勤、负责安排运输的后勤人员以及当车司机的联系方式，及时联系，及时掌握货物运输信息。

（5）二八定律。

为了提高采购效益，降低库存成本，采购员只需要把主要精力放在少数关键的产品采购上。少数关键的产品如何确认呢？这就需要了解提高效益的二八定律。

二八定律，又名 80/20 法则、帕累托法则、关键少数法则、最省力法则等，被广泛应用于社会学及企业管理学等。

二八定律是意大利经济学家帕累托在 19 世纪末 20 世纪初提出

的。他认为，在任何大系统中，最重要的只占其中一小部分，约20%甚至更少，其余80%甚至更多尽管是多数，却是次要的，因此称为二八定律。

如何运用二八定律科学合理地采购，以降低库存成本呢？只需要两步就能轻松实现。

第一步，将产品按照销售额大小进行排序，销售额累计达到总金额80%左右的产品称为“关键的少数”产品，剩下的销售额累计在20%左右的产品为“次要的多数”产品。

抓住销售额占80%的品类，就是抓住了“关键的少数”，只要管理好这部分的关键品类，就控制了80%的费用，这就是经销商对二八定律的运用，如图7-2所示。

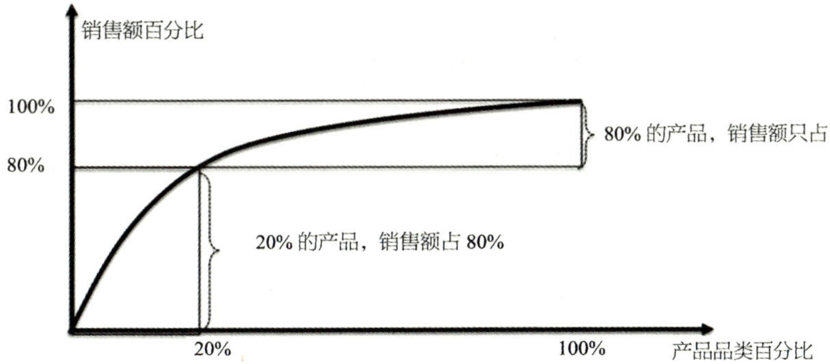

图7-2　二八定律图解

下面通过数据来演示一下二八定律的具体运用，见表7-9。

表 7-9　二八定律数字解析

编号	产品名称	销售额	占总销售的比例	累计占总销售的比例	品类占比	销售额累计占比	产品分类
1	A	550	27.5%	27.5%	25%	80.5%	关键的少数
2	B	450	22.5%	50.0%			
3	C	400	20.0%	70.0%			
4	D	120	6.0%	76.0%			
5	E	90	4.5%	80.5%			
6	F	40	2.0%	82.5%	75%	19.5%	次要的多数
7	G	39	2.0%	84.5%			
8	H	38	1.9%	86.4%			
9	I	37	1.9%	88.2%			
10	J	36	1.8%	90.0%			
11	K	30	1.5%	91.5%			
12	L	32	1.6%	93.4%			
13	M	28	1.4%	94.5%			
14	N	25	1.3%	95.8%			
15	O	20	1.0%	96.8%			
16	P	18	0.9%	97.7%			
17	Q	16	0.8%	98.5%			
18	R	13	0.7%	99.1%			
19	S	10	0.5%	99.6%			
20	T	8	0.4%	100.0%			
合计		2 000	100%	200%			

从表 7-9 可以看出，把单品的销售额从大到小依次排列后，再把单品的累计销售额从大到小排列，我们发现，当累计销售额为 80.5% 时，单品只有 A、B、C、D 和 E 5 个品种，这 5 个品种只占 20 个品种的 25%，销售额却占总销售额的 80.5%，那么，这 5 个单品就是

“关键的少数”，其他的 15 个单品就是“次要的多数”，经销商要把管理的重点放在这 5 个关键的少数单品上。

这 5 个单品的销售额是最大的，如果把这 5 个单品管理好，经销商的采购成本、库存成本、资金占用成本就更低，安全库存也有保障。

接下来，根据二八定律制定低成本管理细则，见表 7-10。

表 7-10　二八定律低成本管理细则

管理措施		20%“关键的少数”产品管理法	80%“次要的多数”产品管理法
总原则		重点管理，按天检查，降低库存，提高周转率，勤进货，勤发货，勤销售，与厂家密切联系，充分利用厂家的促销政策，降低进货和库存成本	一般管理，按月检查，保持较高库存，按需进货、发货和销售
具体细则	库存量检查频次	1 次 / 天，防止缺货	1 次 / 月
具体细则	库存量控制	压缩到最低，提高周转率	保持较高的库存量以节省订货费用
具体细则	进货方式	按经济订货批量定期进货，降低费用	按较高库存量定量进货
具体细则	管理人	采购员	采购员
具体细则	安全库存设置	需设置安全库存量，防止缺货	需设置最低库存量
具体细则	厂家促销政策	密切关注并落实，降低进货成本	一般关注

2. 应收账款

作者梅明平对经销商说

应收账款是流动资金的重要组成部分，其他章节已介绍了如何管理应收账款，这里主要介绍如何计算应收账款天数、余额、周转率等。

应收账款，是经销商通过赊销的方式，被购买者（零售商或客户）所占用的资金。应收账款会占用经销商的流动资金，减少资金周转次数，降低资金利用率，增加财务成本，减少企业利润。

经销商应及时收回应收账款，以弥补企业在经营过程中的各种耗费，保证企业正常经营；对于被拖欠的应收账款应采取措施，组织催收；对于确实无法收回的应收账款，凡符合坏账条件的，应在取得有关证明并按规定程序报批后，做坏账损失处理。

经销商的应收账款周转一次的天数如何计算呢?

应收账款是按照销售价卖给客户（零售商、消费者）的，所以要按照销售额来计价。而库存金额是按照出厂价计算的，所以计算周转率时要按照出厂价来计算。

应收账款周转一次的天数，是指经销商从将商品销售给客户到获得客户付款所需要的时间（天数）。

应收账款周转一次的天数=（平均应收账款余额 ×360 天）÷ 全年销售额

平均应收账款余额 = 应收账款周转一次的天数 × 每天销售额 = 应收账款周转一次的天数 ×（ 全年销售额 ÷360 天）

要计算应收账款周转一次的天数，就要先计算出每天的销售额。如果经销商一年的销售额是 1.8 亿元，则每天的销售额为 50 万元，计算如下。

1.8 亿元 ÷ 360 天 = 50 万元 / 天

这里计算每天的销售额，一年是按照 360 天而不是 365 天计算的。

如果应收账款周转一次的天数为 25 天，则平均应收账款余额就是 1 250 万元。计算如下。

50 万元 / 天 × 25 天 = 1 250 万元

关于如何管理应收账款，可以参考《经销商管理（第 3 版）》（电子工业出版社 2015 年出版，梅明平著）第七章“应收账款管理”。

3. 现金

案例 资金链断裂导致经销商老板自焚身亡

2011 年 4 月 13 日，食品经销商金利斌到加油站买了两桶汽油，于当天 16 时在一辆奥迪车内点燃了自己。有谁知道，他就是一位传说中资产高达 40 亿元的经销商？从 1995 年开始，金利斌在包头 106 市场内开设糖酒批发部，代理各种品牌的食品、饮料。资金链断裂前，他的惠龙商贸公司是伊利牛奶、四川郎酒、青岛啤酒、蓝带啤酒等 15 个大品牌近 200 多个单品的区域总代理。

库存现金是指存放于企业财会部门、由出纳人员经管的现金。库存现金是企业流动性最强的资产，企业应当严格遵守国家有关现金管理制度，正确进行现金收支的核算，监督现金使用的合法性与合理性。

商贸企业的现金来源，主要有零售商品销货款、从银行提取的现金和其他收入的现金。

根据现金管理制度和结算制度的规定，每个企业都必须在银行或其他金融机构开立存款账户，借以办理存款、取款和转账结算。商贸企业的现金收付频繁，业务量大，涉及的经办人员多，很容易出现差错，因此，加强对现金的管理是企业的一项重要的财务制度，企业对现金的收付，必须严格执行《现金管理暂行条例》和《现金管理暂行条例实施细则》。现金管理的主要内容包括以下几个方面。

（1）规定现金的使用范围。

- 支付给员工个人的工资、奖金、补贴、福利补助费、差旅费等款项。
- 支付给不能转账的单位或个人的劳务报酬和购买物资的款项。
- 在转账金额起点一般为 1 000 元以下的零星支付款项。
- 确需现金支付的其他支出。

（2）规定现金的库存限额。

为了加强现金管理，减少闲置的现金，通常由开户银行核定企业库存现金的最高限额。根据我国的现行规定，企业日常零星开支所需要的库存现金数额由开户银行根据企业的实际情况来核定，一般不超过企业 3~5 天日常零星开支的需要量，而距银行较远、交通不便的企业，虽可以放宽限额，但最长也不得超过 15 天的日常零星开支。现金的库存限额一经核定，企业必须严格遵守，不能任意超出，超过限额的现金应及时存入银行。如若情况变化，企业需要增加或减少现金库存限额的，应向开户银行提出申请，由银行核定。

（3）规定不准坐支现金。

坐支现金是指企业用收入的现金直接支付自己的支出。坐支现金是国家所不允许的，企业在经营活动中收入的现金，应在当日就送存银行。为了加强银行的监督，企业在向银行送存现金时，应在解款单上注明款项的来源；支取现金时，应在现金支票上注明款项的用途。对于那些违反现金管理制度所规定的款项，银行有权拒绝支付。

总之，企业除在规定限额内可以保存少量现金以外，其余的都必须存入银行。企业的一切款项，只有在规定范围内可以采用现金结算，其余都必须通过银行办理转账结算。只有这样，才有利于调节货币流通量，节约现金使用。

（4）经销商要确保一定的现金流。

经销商要确定企业的现金流净额的最低标准，防止现金流断裂。企业的现金流，是企业流动的血液，一分一秒都不能缺少。

现金流量净额 = 现金流入量 – 现金流出量

经销商要每月审查现金流量表。现金流量表是反映有多少现金供经销商周转，短期内有没有足够现金去应付开销，经营者有没有用武之地的一张表。此表主要看企业现金的增减变动情况，反映资产负债表中各个项目对现金流量的影响；还要看现金流量净额是正数还是负数，正数越高说明现金越充分，负数越高说明持续经营非常困难。

作者梅明平对经销商说

为了安全经营，建议经销商坚持以下安全经营的四项原则。

原则一，现金经营。不要看账面上有多少利润，要看手头上有多少现金。因为账面上有利润不等于手头上有现金，有些账面上的税后利润并非真实利润，如未清除的积压的库存商品。

原则二，无债经营。提高自有资金的比例，这是衡量企业稳定性的指标。

原则三，水库式经营。要有充足的备用资金，就像水库存有水一样，供干旱时使用。不要急于扩大规模，而要保证一定的储水量。

原则四，清除不良资产的盘库。经销商的仓库，部分积压的商品已经贬值或报废，在盘存时要及时清除，否则就会被当成利润计税和分红。

4. 厂家垫付款

作者梅明平对经销商说

经销商要根据厂家垫付款报销的周期，合理安排款项垫付。同时，要与厂家密切沟通，保证垫付的费用能够及时报销。如果不能按时报销，也要确定止损点，防止厂家言而无信，损害经销商的利益。

在经营过程中，经销商的很多市场营销活动是由厂家支持并承担费用的，但这些费用需要由经销商先行垫付，再根据厂家的要求进行核销，这就是厂家垫付款。

下面看一下经销商需要垫付哪些款项。

（1）进场费，也叫进店费、入场费，是零售商（如商场、超市）利用其在市场交易中的相对优势地位，向经销商收取的一种费用。

（2）陈列费，是指商品陈列在卖场里所需要支付的费用，包括货架陈列费、端架陈列费、堆头陈列费等。如厂家给每个形象堆头陈列每月奖励 100 元。

（3）临时促销员工资。为了配合厂家推出的促销活动，厂家给予经销商聘请临时促销员费用的支持，一般为 1~2 个月。例如，所有百桶堆均配临时促销 1 名，厂家临时促销费用 2 000 元 / 月。

（4）长期促销员工资。厂家根据每个经销商的规模大小而给予的长期促销员费用的支持。例如，厂家给经销商陈总配备 20 名长期促销员费用支持，每个促销员每月支持 3 000 元费用。

（5）铺市奖励。为鼓励经销商的业务员铺货所给予的奖励。例如，经销商业务员每铺一袋 5kg 装大米，厂家奖励 1 元或 200 元 / 吨。

（6）开发新客户奖励。厂家鼓励经销商开发新客户，如经销商的业务员每开发一家新客户奖励 10 元。

（7）其他费用。这些费用既可以理解为经销商帮厂家垫付的费用，也可以理解为厂家帮助经销商开展经营活动的费用。

对这些垫付的费用，经销商有不同的态度。一是存在抗拒心理，因为这会占用本来就捉襟见肘的经营资金，尽管有这些费用支持政策，也很少利用；二是利用厂家的这些费用支持政策，弄虚作假，套取费用，实际使用少；三是持欢迎态度，充分利用厂家的支持政策，降低经营成本，扩大销量，并及时地、实事求是地对费用进行核销。

当然，优秀的经销商会充分利用厂家的支持政策，积极开发市场，降低经营费用，并实事求是地核销。

但也有少部分厂家，没有兑现核销垫付费用的承诺，给经销商造成了资金压力，坑了经销商。例如，厂家可能以业务人员更换了、口头承诺没有文字证据等为理由拒绝兑付；还有的厂家把兑现费用的条件设置得过高，让经销商很难达到核销费用的条件；还有些厂家同意核销，但就是没有行动，一拖再拖。

如何避免这些情况的发生呢？以下是经销商避免无法核销垫付费用的 4 种方法。

第一，经销商尽量选择与老品牌、大品牌、诚信度高的品牌合作。大品牌企业资金实力一般较为雄厚，管理规范，能够有效预防垫付费用无法核销的情况发生。

第二，经销商在垫资做活动时，垫付的费用要在自己能够承受的范围内。

第三，对于刚刚合作的厂家，要有一个磨合期，并向其他老经销商了解厂家历史上费用核销的情况。

第四，在帮厂家垫付费用时，务必事先和厂家签订书面协议，以免口头承诺缺乏凭据而带来不必要的损失。很多厂家尤其是小厂家的业务员，为了完成销售任务，会口头承诺给予一些费用支持，但这会带来极大的风险，该业务员辞职了怎么办？该业务员调到其他区域了怎么办？该业务员同意的费用他的上级却不同意怎么办？

此外还要注意的一点是，在核销厂家垫付款时，厂家核销的方式有很多种，须事先了解。厂家核销经销商垫付费用一般有 3 种方式。

方式一，抵货款。如果你核销的费用是 3 万元，这次你需要进货 10 万元，那么你只需支付 7 万元的货款就可以了。

方式二，返产品。如果你核销的费用是 3 万元，就给你 3 万元的货，与你是否进货没有关系。这时就要注意，返的产品是不是你需要的产品。

方式三，现金。如果你核销的费用是 3 万元，就给你 3 万元的现金，但这种方式用得很少。

案例 某厂家的经销商垫付陈列费的核销政策

一、经销商提交陈列照片次数

1. A、B 类店：每月至少提交 1 次照片。

2. C、L 类店：每月至少提交 2 次照片。

二、陈列照片拍摄要求

1. 照片须清晰显示特殊陈列的产品，且这些产品的陈列应与公司管理要求相符。

2. 堆头照片清晰展示3面（顶面、两侧面）。

3. 陈列在中间的堆头需清晰展示2面（顶面、单侧面），并清晰显示卡板位。

三、陈列照片提交时间

A、B、C、L店：照片在每月10日、25日前提交给厂家。

四、核销周期

1. 陈列费每月核销一次。

2. 当月核销上月陈列费。

五、核销方式

1. 以货款方式进行核销。

2. 从货款中直接冲减。

三、流动负债

作为商贸企业的经销商，企业的负债率主要体现在流动负债上，对待负债率的态度要更加谨慎。下面两个案例供大家参考。

李嘉诚作为一位商人，一生经营没有遇到太大的风险和曲折，这与他严肃对待负债率的态度息息相关。

案例　李嘉诚对待负债率的态度

早在很多年前，李嘉诚就不再插手具体业务，他的时间和精力主要花在“定坐标”上。李嘉诚告诉记者，长江实业集团2013年的负债比例是4%，和记黄埔是21%，位于加拿大的HUSKY能源公司，负债比例只有12%。李嘉诚对此引以为豪：“我从1950年开始做生意，对负债和贷款问题，一直非常小心地处理，虽然经历过不少风风雨雨，但也一路走了过来。”

而著名企业家史玉柱，作为改革开放后中国大陆的首批著名企业家之一，在负债率上栽了个大跟头。

案例　史玉柱对待负债率的态度

史玉柱在珠海出事的时候，他的企业负债率高达80%。东山再起后，史玉柱给自己这么规定：5%的负债是个绿灯，10%的负债就要亮黄灯，15%的负债就要亮红灯了。负债率过高，一旦债主收回资金，企业资金链就要出问题。资金链出了问题，就会做很多违规的事情，例如，抽逃注册资金；到银行贷款时向银行提供经过修饰的财务往来账。

流动负债，是指经销商将在1年内或更短时间内偿还的债务。流动负债与流动资产共同构成经销商的营运资金，通过两者的比较可以大致了解经销商的经营资金状况。

流动负债包括短期借款、应付账款、应付票据、应付工资、应付福利费、应交税金、应付股利、应付利息、预收账款、预提费用、其他应付款、其他应交税款等。

经销商的流动负债主要是对厂家的应付账款。

对厂家的应付账款，是指经销商在与厂家的经济往来中应当支付而尚未支付的各种款项。

厂家通过铺底、授信等方式，给予经销商经营资金支持，从而形成经销商的应付账款。

铺底，也叫铺底货款，或铺底资金，是厂家在招商或开发新市场时，赊销给经销商的一部分货物，以达到快速招商和加快推广速度的目的。铺底资金在约定的合作期限内可以不结算，约定期限结束才需要结算。一般约定的合作期限为一年，年初签订合同时厂家给予经销商货物铺底，年底合同期结束时经销商需要支付给厂家铺底货物的金额。铺底货物金额一般与合同金额有关。例如，如果确定铺底货物金额占年度经营合同金额的 10%，那么，与厂家签订年度合同金额为 1 000 万元的经销商，可以获得 100 万元的铺底货物金额。这 100 万元，就是经销商对厂家的应付账款。

授信，是厂家根据经销商的销售规模、合作年限、信用状况所给予经销商的一定赊销额度。授信与铺底的时长不一样，铺底一般为一年，授信一般为半个月到 3 个月。对于快速消费品行业来说，信用期限一般为 15 天、30 天和 45 天，最多不得超过 60 天。

经销商赚钱工具箱

为了管理好营运资金，经销商要掌握以下 26 个要点。

1. 营运资金。

2. 营运资金周转率。

3. 资金周转率计算公式。

4. 投资回报率计算公式。

5. 营运资金计算公式。

6. 流动资产计算公式。

7. 商贸企业流动资金。

8. 铺底货款。

9. 平均库存量。

10. 周转库存。

11. 经济订货批量。

12. 缺货的三大风险。

13. 安全库存。

14. 进货时点。

15. 与安全库存相关的两个因素。

16. 在途库存。

17. 减少在途库存的方法。

18. 二八定律。

19. 应收账款。

20. 应收账款周转一次的天数。

21. 库存现金。

22. 厂家垫付款。

23. 避免无法核销垫付费用的 4 种方法。

24. 厂家核销经销商垫付费用的 3 种方式。

25. 流动负债。

26. 对厂家的应付账款。

经销商赚钱行动计划

为了管理好营运资金，经销商要立即开展以下 6 项工作。

1. 运用二八定律，科学合理采购，降低商品库存成本。

2. 根据二八定律制定商品低成本管理细则。

3. 计算应收账款周转一次的天数。

4. 制定现金管理细则。

5. 制定安全经营的原则。

6. 研究厂家费用核销流程，制订费用垫付计划。

附录A 《总裁员工管控》实战班

——经销商团队管理必修课

解决经销商十大致命管理难题

员工流失：新员工招不到，好人才留不住

应收款多：赊销越来越多，资金周转慢

退换货失控：业务员从不加以控制，看着心烦

送货不及时：司机送货慢吞吞，总是磨洋工

利润率低：员工为了销量多，不断降价要政策

摆老资格：老员工工资高不听话，让人扎心

士气低迷：员工成天没精打采，毫无激情

想着心寒：老板起早贪黑干，员工下班就走人

有心无力：想管好但找不到方法，成天焦虑

客户丢失：员工离开带走客户，无可奈何

结果：一年利润没多少，老板变成搬运工

从**架构、职能、物流、薪酬、人才、机制、福利**七个层面形成员工管控系统，解决企业内部**员工管理**问题，帮助经销商成为新时代的优秀管理者，掌握轻松将**利润提升 1~10 倍**的方法。

资料来源：武汉新蓝海咨询

通过实操辅导，现场制定商贸**企业专属**的经销商业务、物流、财务人员的**"薪酬与绩效落地方案"+"积分制管理落地方案"。**

您将获得什么

薪酬与绩效方案
让员工与老板站在一个立场

积分制管理方案
零成本激发员工潜能

实现经销商净利润的提升
开源（增加收入）+节流（减少费用）+增效（增加运营效率）

《总裁员工管控》课程大纲与亮点

第一讲　管架构：构建新时代组织发展模式

一、为什么说传统的组织结构即将被淘汰？

二、什么是符合时代发展的组织结构？

三、如何构建经销商的平台型组织结构？

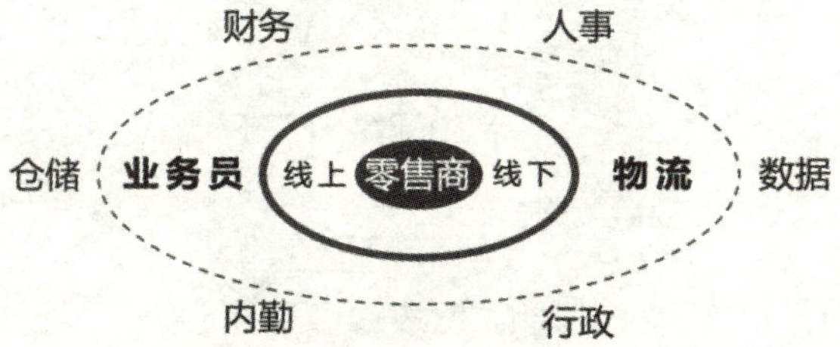

资料来源：武汉新蓝海咨询

工具箱：

1. 金字塔组织——推动架构图；

2. 经销商平台型组织——拉动架构图；

3. 商贸企业平台型组织模型图；

4. 平台型组织六大利润中心图解。

本讲亮点：经销商平台型组织结构是未来经销商想做大的必走之路。未来的竞争不是产品的竞争，而是模式的竞争。

第二讲　管职能：清晰划分职能岗位设计标准化

一、采购专员

1. 一个优秀的采购专员需要掌握哪八大知识？

2. 如何从八个维度考核采购专员？

3. 采购专员的日常工作包含哪十个方面？

4. 如何通过七大增值项目降低进货成本？

资料来源：武汉新蓝海咨询

二、促销专员

1. 一个优秀的促销专员需要掌握哪七大知识？

2. 如何从十个维度考核促销专员？

3. 采购专员的日常工作包含哪十二个方面？

4. 如何通过十大增值项目降低费用成本？

三、销售专员

1. 一个优秀的销售专员需要掌握哪八大知识？

2. 如何从七个维度考核销售专员？

3. 销售专员的日常工作包含哪八个方面？

4. 如何通过八大增值项目实现降本增效？

四、现金专员

1. 一个优秀的现金专员需要掌握哪七大知识？

2. 如何从七个维度考核现金专员？

3. 现金专员的日常工作包含哪十二个方面？

4. 如何通过十大增值项目增加公司利润?

工具箱：

1. 采购专员工作监督检查明细表；

2. 经销商进货总费用一览表；

3. 促销专员岗位职责检查考核明细表；

4. 销售专员岗位职责检查考核明细表；

5. 现金专员岗位职责考核明细表。

本讲亮点：作为商贸企业指挥中心的管理部，通过管理采购员、促销员、销售专员、现金专员，达到多维度减少费用、增加利润的目的。

第三讲　管协同：降低成本实现物流承包制

一、如何制定物流部的管理制度?

二、如何科学地设计物流部岗位职责并核检?

三、物流部流程设计包含哪五个方面?

四、退换货如何处理能降低损失?

资料来源：武汉新蓝海咨询

工具箱：

1. 物流部组织架构图；

2. 物流部考勤制度表；

3. 装卸工岗位职责检查表；

4. 整理工岗位职责检查表；

5. 配送司机岗位职责检查表；

6. 整理工岗位职责检查表；

7. 车辆管理检查表；

8. 经销商客户分类销量统计表；

9. 客户信息表；

10. 经销商分类商品销售明细及销量占比表；

11. 经销商各送货路线销量及占比表；

12. 经销商返货物流费明细表。

本讲亮点： 详细讲解如何降低采购成本、库存费用和物流成本，减少返货商品。

第四讲　管薪酬：增值型分配方式促增绩效

一、价值型薪酬体系包含哪三大部分？

二、商贸企业各部门人员薪酬政策如何制定与设计？

三、商贸企业增加利润的十大方法。

四、商贸企业降低费用的十大方法。

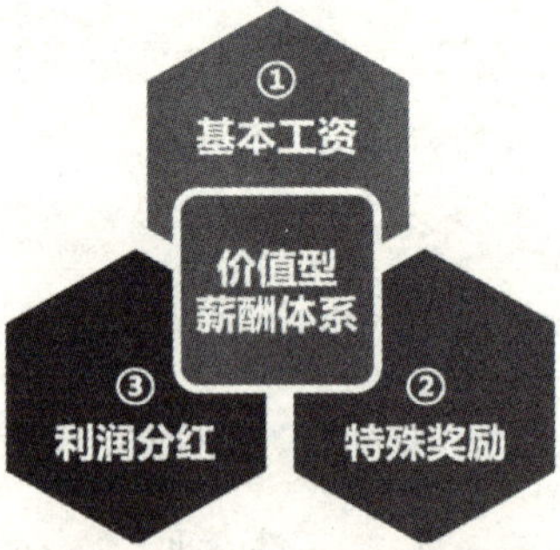

资料来源：武汉新蓝海咨询

工具箱：

1. 销售人员收入占比明细表；

2. 业务员年度总收入分项占比表；

3. 业务员总收入排名表；

4. 业务员基本工资排名表；

5. 业务员分红排名表；

6. 业务员特殊奖励排名表；

7. 销售人员月度工资明细表；

8. 业务员年度累计任务达成率；

9. 业务员月度分红排行榜；

10. 管理部分红明细表；

11. 物流部薪酬设计表；

12. 单品毛利贡献排行榜；

13. 单品利润分析表；

14. 品类销量排行榜；

15. 渠道销量排行榜；

资料来源：武汉新蓝海咨询

16. 经销商快速增加客户数清单；

17. 业务员开发客户明细表；

18. 现代渠道费用占比表；

19. 应收账款日利息明细表；

20. 应收账款利息明细表；

21. 应收账款滞纳金明细表；

22. 临时欠款核检明细表；

23. 返货物流费统计表；

24. 业务员返货物流费排行榜。

本讲亮点：业务员分红政策使业务员在销售价格制定、销量增长方面与老板站在同一个立场。销售经理分红方案捆绑销售部门的销量目标、利润目标、部门费用，让员工把老板的事当成自己的事来考虑。

第五讲　管机制：激发潜能提升团队竞争力

一、如何利用淘汰机制快速淘汰不合格的员工？

二、如何利用对赌机制激发员工和团队的潜能？

三、如何利用车贷机制让员工主动工作自觉加班？

四、如何利用旅游奖励机制让员工主动挑战更高业绩目标？

五、如何利用“暴富”机制留住核心优秀员工？

资料来源：武汉新蓝海咨询

本讲亮点：各项竞争与奖励机制，激发员工潜能与团队协作能力，并让员工乐在其中，销售积极性大大提高！

第六讲 管福利：积分管理善用人性指南针

一、众多公司管理中存在的十四大难题?

二、为什么积分制管理更适合中国人?

三、商贸企业积分制管理的十大步骤。

四、商贸企业积分制管理实践案例。

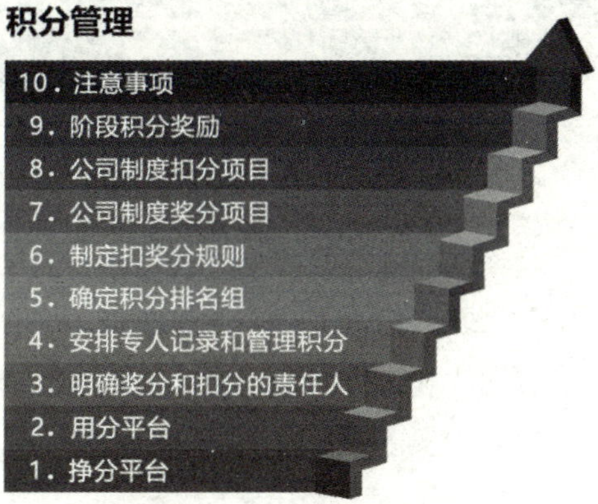

资料来源：武汉新蓝海咨询

工具箱：

1. 积分制奖分总则；

2. 岗位职责积分扣奖表；

3. 部门工作检查汇总表；

4. 部门分红积分兑换表。

本讲亮点：详细讲解薪酬与积分制度，对员工的日常工作量化考核，让员工发挥主观能动性。提供积分制落地手册：积分设计 + 积分执行 + 积分标准 + 积分兑现。

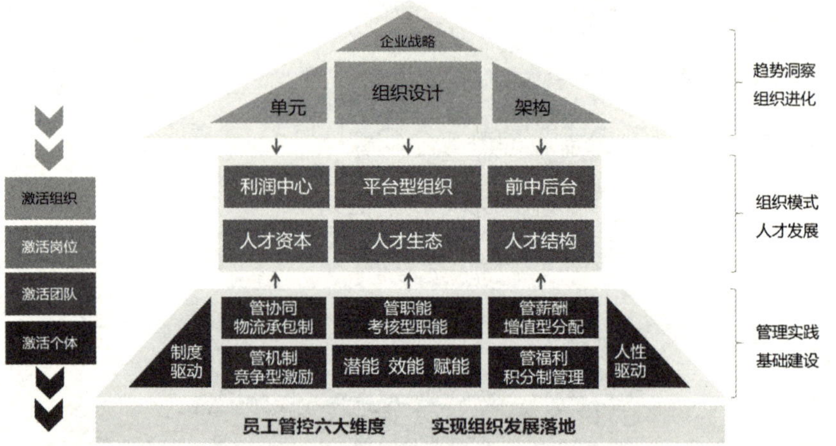

资料来源：武汉新蓝海咨询

备注：以上课程均配有完整且详细的方案，从 0 到 1 到 10，初期如何切入，中期如何优化，后期如何持续，让你学完回去就能用！

主讲老师介绍

梅明平

- 中国经销商培训第一人
- 食品厂商共赢系统创始人
- 众多一线大品牌厂家指定经销商培训讲师

报名请咨询：027-85557103，18108615860（微信同号）

附录B 《总裁销售管控》落地班

——经销商实现销量倍增的商战法宝

解决经销商面临的十大销售问题

渠道单一：全渠道无从下手，销量持续萎缩

活动难做：对手促销火爆，自己销售半死不活

利润太低：成本越来越高，利润像纸一样薄

新品难推：厂家要求推新品，铺货动销都难

员工难管：业务员整天跑市场，不知在干啥

库存积压：库存积压堆如山，眼看成为临期品

营销落后：新工具不会用，新模式无从下手

资金周转慢：应收账款越来越多，无法控制

退换货多：仓库满地退换货，业务员却不控制

越来越累：每天起早贪黑，付出太多却不赚钱

从**渠道、目标、考核、异动、促销、新品、竞品**七个层面形成系统的**销售管控机制**，解决经销商外部市场问题，帮助经销**提升销量2~10倍!**

资料来源：武汉新蓝海咨询

全方位、系统性、实战化掌握销售管控的核心章法，**实现销售持续稳定增长**。3天2夜，不谈理想，只谈干货！

您将获得什么

1. 掌握销售七大管控要领

- 构建系统销售思维
- **实现销量增长350%**

2. 理解销量增长的内涵

- 全面分析各大销量增长点
- **实现利润增长500%**
- 掌握销售命脉

3. 将销售增长目标转化为可行的方案

- **终端网点增长462%**
- 成为区域生意高手

《总裁销售管控》课程大纲与亮点

第一讲　管渠道：破译新零售渠道趋势密码

一、经销渠道发展变化与全渠道模型是怎样的？

二、斯莱沃斯基渠道指的是什么？

三、微商渠道如何快速搭建？

四、如何快速组建社区团购渠道？

五、被称为“零售新业态”的快闪店如何操作？

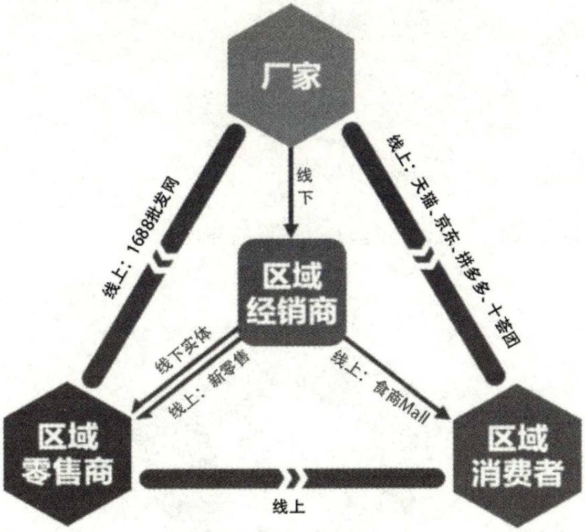

资料来源：武汉新蓝海咨询

本讲亮点：将经销商运作的线上线下渠道全面打通，轻松玩转多渠道，迅速提升销量。

工具箱：

1. 经销商全渠道结构模型；

2. 食商 Mall 购物流程图；

3. 渠道倍增模式图；

4. 斯莱沃斯基渠道细分表；

5. 三级微商结构图；

6. 社区团购系统流程图。

第二讲　管目标：分解核心经营目标定乾坤

一、为什么老板一定要设定经营目标？

二、经营目标包含哪些类别？

三、商贸企业的五大核心经营目标是什么？

四、商贸企业年度经营目标如何分解？

五、商贸企业月度经营目标如何分解？

资料来源：武汉新蓝海咨询

本讲亮点：清晰经营目标，经营过程全掌控，老板一身轻松。

工具箱：

1. 商贸企业核心经营目标表；

2. 商贸企业年度销售计划表；

3. 商贸企业年度目标规划表；

4. 商贸企业月度总销售计划表；

5. 商贸企业分公司月度销售计划表；

6. 商贸企业分公司销量、利润同期比统计表；

7. 商贸企业月度销售渠道销售计划表；

8. 商贸企业月度品类销售计划表；

9. 商贸企业月度客户销售计划表；

10. 商贸企业月度业务员销售计划表；

11. 业务员销量排行榜。

第三讲 管考核：匹配到点绩效考核精细化

一、根据区域市场具体情况需要开发多少网点?

二、根据区域市场规划需要配置多少业务员?

三、业务员绩效考核包括哪些内容?

四、业务员管理制度包含哪些内容?

资料来源：武汉新蓝海咨询

本讲亮点：科学的 KPI 考核，员工的日常工作量化考核，实现业务员主动开发客户。

工具箱：

1. 人口—客户—业务员配置表；
2. 业务员管理客户数明细表；
3. 业务员周拜访客户数统计表；
4. 考勤扣款明细表；
5. 业务员周拜访计划表；
6. 业务员日拜访轨迹表；
7. 业务员违规拜访扣款明细表；
8. 业务员周拜访统计表；
9. 业务员拜访计划完成率统计表。

第四讲　管异动：紧盯变量数字化动态管理

一、如何制定客户异动的管控策略?

二、不同产品如何设计销售策略?

三、销量不稳定的区域如何制定管控策略?

本讲亮点：数据化分析管理，客户、产品、区域变化随时布局，实现销量持续上涨。

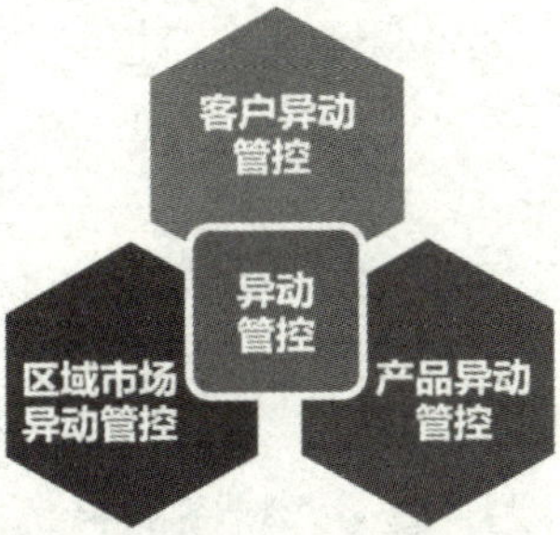

资料来源：武汉新蓝海咨询

工具箱：

1. 客户分类表；

2. 商贸企业客户月度销售排行榜；

3. 商贸企业客户月度利润排行表；

4. 客户活跃度统计表；

5. 客户开发与丢失统计表；

6. 产品分类表；

7. 核心产品管控流程图；

8. 商贸企业全年品类销量排行榜；

9. 商贸企业季度核心单品统计表；

10. 商贸企业核心单品差异表；

11. 商贸企业异常核心单品清单；

12. 商贸企业各产品线销量排行榜；

13. 商贸企业各产品线销量、利润同期比统计表；

14. 商贸企业各产品线铺市率同期比统计表；

15. 区域销量与人口占比表；

16. 乡镇空白区域客户开发一览表；

17. 失衡乡镇配送商目标客户开发表；

18. 年度业务员传统渠道客户数统计表。

第五讲　管促销：盘活促销触点策划大满贯

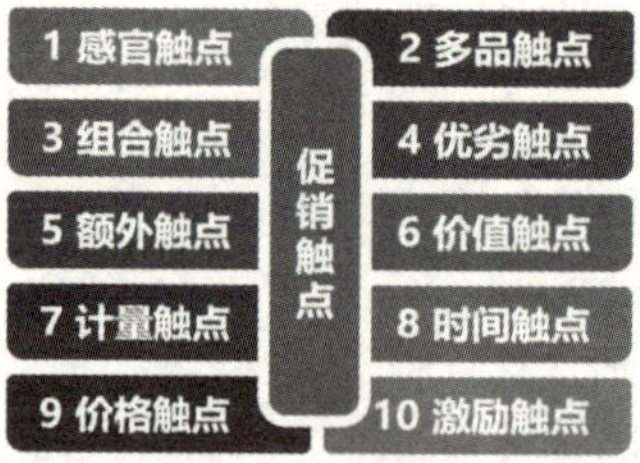

资料来源：武汉新蓝海咨询

本讲亮点：十大促销方案，十二项具体实操实现迅速清仓、货物轮转、资金周转时间缩短！

第六讲　管新品：实现新品变爆品连环步法

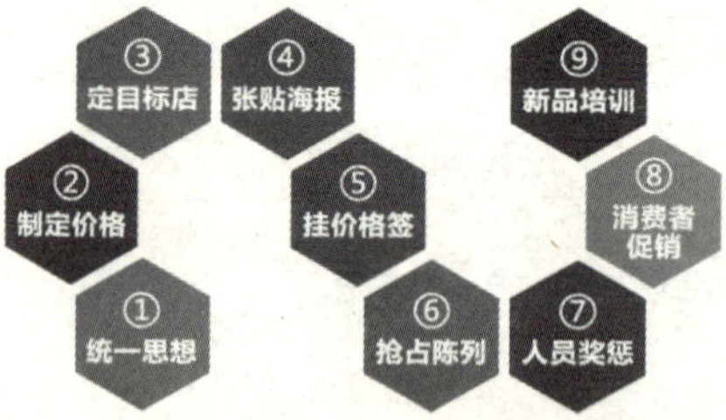

资料来源：武汉新蓝海咨询

本讲亮点：环环相扣，推广新品不再难，新品变爆品，销量不再愁！

第七讲　管竞品：抢占先机制敌取胜必杀技

一、如何抢占竞争对手的核心客户？

二、如何打击竞争对手的核心单品？

三、如何攻击竞争对手的薄弱点？

资料来源：武汉新蓝海咨询

本讲亮点：多角度、全方位打击竞争对手，连环计招招制敌，勇夺区域“霸主”地位！

工具箱：

1. 产品生命周期内各产品线销量统计表；

2. 价格体系表；

3. 月度目标铺市客户表；

4. 每日铺市明细表；

5. 月度铺市客户活跃度分析表；

6. 某品类新客户开发计划表；

7. 新品销售人员奖励权重分析表；

8. 竞品核心客户销量比较表；

9. 战略合作协议范本；

10. 排他性协议范本。

备注：以上课程均配有完整且详细的方案，让你学完回去就能用！

让你牢牢掌控《总裁销售管控》之精髓：

1. 公司的利润平衡点；

2. 业务员愿意卖；

3. 客户愿意买；

4. 消费者愿意用。

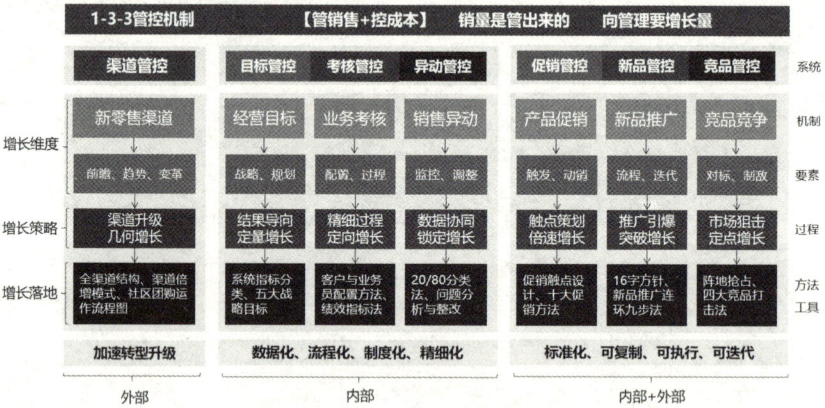

资料来源：武汉新蓝海咨询

主讲老师介绍

梅明平

- 中国经销商培训第一人
- 食品厂商共赢系统创始人
- 众多一线大品牌厂家指定经销商培训讲师

报名请咨询：027-85557103，18108615860（微信同号）

附录C 《总裁战略管控》领袖班

——经销商老板顶层设计必修课

解决经销商面临的九大发展问题

没有规划：定位不清，什么好卖卖什么

一盘散沙：没有威信，缺乏团队领导力

为所欲为：没有文化，员工行为无约束

不一条心：没有股权，员工把自己当外人

心浮气躁：一味低层打法，缺乏高层心法

朝令夕改：决策不果断，政策改来改去

思维僵化：不与时俱进，固守老旧经验

品牌杂乱：经营杂牌多，没有核心品牌

累得像狗：干活像搬运工，赚钱像要饭

资料来源：武汉新蓝海咨询

从**战略、文化、合伙人、权力、思维、价值**六个方面出发形成一套**战略系统**，让经销商具备**战略思想**的**极致心法**，突破事业与人生的瓶颈，成为一名真正**优秀的企业家**，实现轻松经营！

您将获得什么？

- 定位定天下，掌握定位的逻辑和方法，打造**持久传承的经商文化。**
- 同心圆合伙人计划，实现公司与员工、与下游零售商形成**利益共同体。**
- 升级认知，掌握**成功的心法，**实现从老板到企业家的升级。

《总裁战略管控》课程大纲与亮点

第一讲 管文化：塑造持久传承的经商文化

一、企业使命：经销商的商业格局

1. 什么是企业使命？
2. 企业使命的重要性。
3. 企业使命案例分享。
4. 商贸企业的使命。

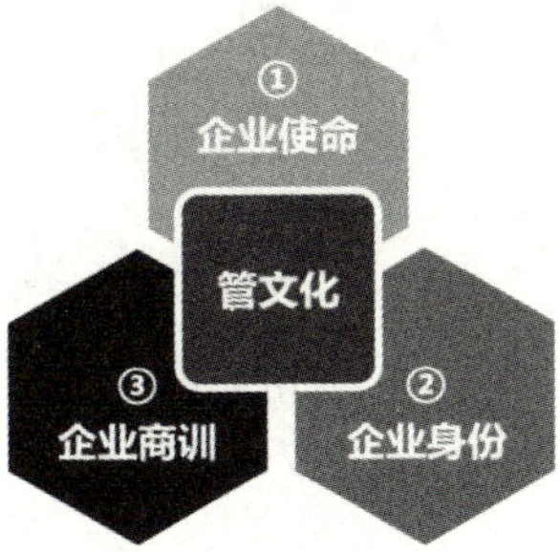

资料来源：武汉新蓝海咨询

二、企业身份：经销商的商业定位

1. 什么是企业身份？
2. 商贸企业的身份。

三、企业商训：经销商的商业规范

1. 什么是企业商训？

2. 经销商的六大商训。

本讲亮点：定位定天下，通过特劳特定位理论制定商贸企业的经营定位，实现企业的持久传承。

第二讲　管战略：制定经营策略与市场布局

一、成功选择产品的四大原则

1. 名牌原则。

2. 身份原则。

3. 匹配原则。

4. 竞争原则。

资料来源：武汉新蓝海咨询

二、如何将产品变成摇钱树

1. 产品的分类。

2. 产品分类案例。

3. 四类产品的营销策略。

三、公司经营竞争策略

1. 确定经销商的市场竞争地位。

2. 领导者的七大防御策略。

3. 挑战者的四大挑战策略。

4. 跟随者的三大跟随策略。

5. 利基者的五大生存策略。

本讲亮点：通过科学选品，打造公司的核心产品，提高竞争力，制定经营策略，成为区域“霸主”。

第三讲　管合伙：合伙人计划建利益共同体

一、什么是同心圆合伙人计划

1. 同心圆合伙人定义。

2. 同心圆合伙人特点。

3. 股权分配规则。

4. 分红规则。

资料来源：武汉新蓝海咨询

二、员工同心圆合伙人计划

1. 员工虚拟股等级与数量分配制度。

2. 员工虚拟股确定方式。

3. 合伙人虚拟股调整政策。

4. 注册股和虚拟股的权利。

5. 注册股和虚拟股的分红制度。

6. 员工合伙人分红约束条件。

7. 员工同心圆合伙人计划的优点。

三、零售商同心圆合伙人计划

1. 确定企业销售目标。

2. 确定合伙人资格。

3. 确定公司出让的合伙人股份比例。

4. 确定零售商个人获得的虚拟股比例。

5. 年底分红股数量合计。

6. 年底可分配利润。

7. 年分红明细。

8. 零售商甲 2020 年获得的收入。

本讲亮点：讲解最适合商贸企业发展的股权激励政策——同心圆合伙人计划，公司联合员工向下游零售商打造没有血缘的“家族式”企业，成为利益共同体，合作共赢。

第四讲　管权力：活用管理权力提升领导力

一、奖赏权

1. 什么是奖赏权？

2. 实现主动管理。

二、惩戒权

1. 什么是惩戒权？

2. 实现被动管理。

三、专家权

1. 什么是专家权？

2. 专家的影响力。

资料来源：武汉新蓝海咨询

四、威望权

1. 什么是威望权?

2. 威望权的来源。

本讲亮点：通过四大权力的运用，玩转多种管理手段，为经销商加持领导魅力，让公司上下心服口服，紧紧跟随。

第五讲　管思维：升级认知掌握成功的心法

一、大脑运行法则

1. 目标。

2. 路径。

3. 资源。

4. 能力。

5. 角色。

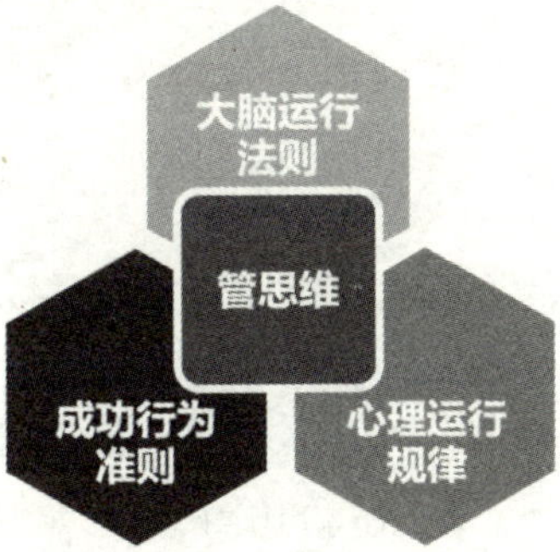

资料来源：武汉新蓝海咨询

二、心理运行规律

1. 因果律。

2. 控制律。

3. 信念律。

4. 专心律。

5. 吸引律。

三、成功行为准则

1. 信念。

2. 责任。

3. 时间。

4. 健康。

5. 创新。

6. 关系。

本讲亮点：从思维层面、心理层面、行为层面科学揭秘成功的要诀与心法，指导转化的行动计划，激发潜能，创造事业巅峰。

第六讲　管价值：科学规划时间价值最大化

一、关于时间的重要观念

1. 时间就是生命，失去了无法挽回。

2. 时间是有限的，不能缩短或加长。

3. 时间的价值在于如何使用它。

4. 时间在哪里结果就在哪里。

二、时间分类

1. 金矿。

2. 银矿。

3. 铁矿。

4. 煤矿。

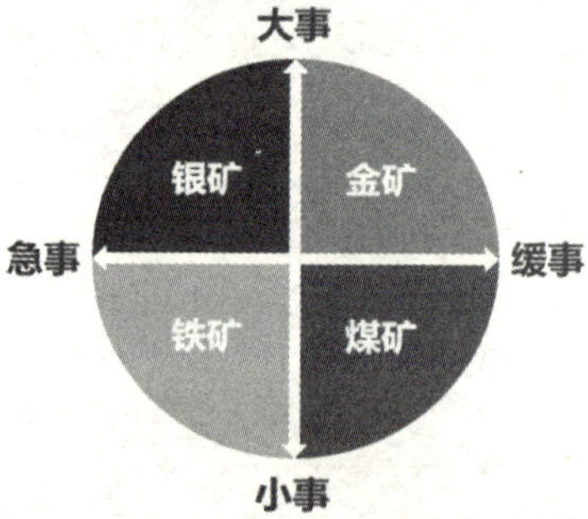

资料来源：武汉新蓝海咨询

三、优秀经销商的时间分配

1. 未来要做的大事。

2. 现在要做的大事。

3. 现在要做的小事。

4. 未来要做的小事。

四、时间管理的结果

1. 轻松高效。

2. 心力交瘁。

3. 匆匆忙忙。

4. 碌碌无为。

本讲亮点：掌握时间管理的法则，做时间的主人，通过分类与科学规划事件与时间，让经销商的价值最大化，让每分每秒都赚钱、都值钱。

工具箱：

1. 经营品牌身份图；

2. 行业地位身份图；

3. 产品分类模型图；

4. 产品营销策略明细表；

5. 假设市场结构图；

6. 同心圆合伙人计划模型图；

7. 同心圆合伙人股权分配政策明细表；

8. 员工虚拟股等级与分配数量一览表；

9. 管理权力模型图；

10. 大脑运行法则图；

11. 心理运行规律图；

12. 成功行为规范图；

13. 时间管理模型图。

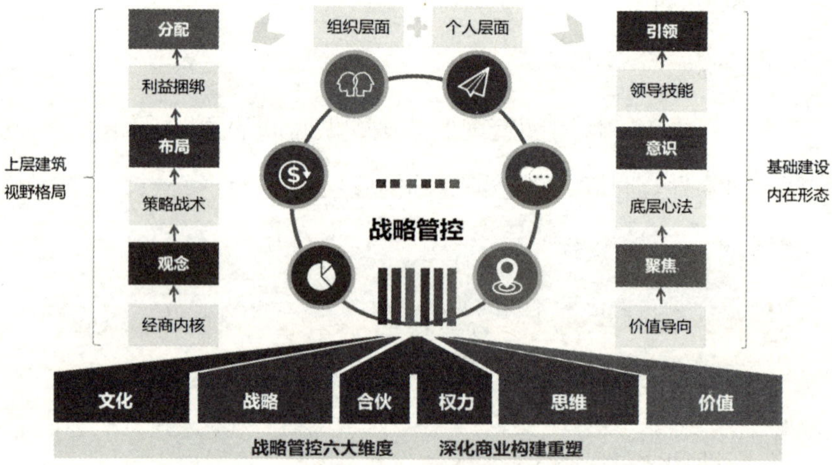

资料来源：武汉新蓝海咨询

备注：本课程核心内容为商贸企业顶层设计必修的**一套战略系统**，该系统从战法到心法全面升级，并配套详尽的**十二项实操工具**，真正帮助经销商成为商界领袖。

主讲老师介绍

梅明平

- 中国经销商培训第一人
- 食品厂商共赢系统创始人
- 众多一线大品牌厂家指定经销商培训讲师

报名请咨询：027-85557103，18108615860（微信同号）

反侵权盗版声明

举报电话：（010）88254396；（010）88258888

传　　真：（010）88254397

E-mail：　dbqq@phei.com.cn

通信地址：北京市万寿路 173 信箱

　　　　　电子工业出版社总编办公室

邮　　编：100036